P9-AQG-222

SOMMAIRE

PRÉFACE 3

LE CID 15

LES CLÉS DE L'ŒUVRE 93

    I. *Au fil du texte** : pour découvrir l'essentiel de
    l'œuvre.

    II. *Dossier historique et littéraire* : pour ceux qui
    veulent aller plus loin.

* Pour approfondir votre lecture, *Au fil du texte* vous propose une
sélection commentée :
   • de morceaux « classiques » devenus incontournables, signalés
     par ●◆ (droit au but).
   • d'extraits représentatifs de l'œuvre, signalés par C◆ (en flânant).

PRÉFACE

Des trente-deux pièces de théâtre produites par le
« grand Corneille », bien peu sont encore lues, ou jouées.
Pourtant, de *Mélite*, comédie donnée pendant la saison
1629-1630, à sa dernière tragédie, *Suréna* (1674), le dramaturge rouennais construit une œuvre exceptionnellement abondante pour le siècle classique, et qui le couvre
de gloire. Or, peu de grands écrivains ont été lus aussi par-
tiellement que Corneille, et partant, aussi sommairement.
Il risque toujours de se figer dans le rôle ingrat du « classique aggravé[1] », réduit à quelques « grandes tragédies », à quelques beaux personnages empanachés, ou, qui
pis est, à une dizaine d'alexandrins altiers à l'hémistiche
viril : un Corneille scolaire, de nature même à susciter
d'irrémédiables aversions, comme celle, bien connue, de
Claudel qui jamais ne se remit du « paquet d'alexandrins »
ingéré au collège ; une gloire nationale tenue à la distance
respectueuse qu'inspire une œuvre réputée à la fois iné-
gale et moralisante. De cette inégalité, inventée par
La Bruyère qui lui oppose l'impeccable régularité de
Racine, Fontenelle déjà faisait justice, dans sa *Vie de
M. Corneille* : « La plupart des gens trouvent les six ou
sept premières pièces de M. Corneille si indignes de lui,
qu'ils les voudraient retrancher de son recueil, et les faire
oublier à jamais. Il est certain que ces pièces ne sont pas
belles ; mais outre qu'elles servent beaucoup à l'histoire
du théâtre, elles servent beaucoup à la gloire de M. Cor-

---

1. L'expression est de Paul Bénichou, in *Morales du grand siècle*, p. 15.

neille [...]. Tout autre qu'un génie extraordinaire ne les eût pas faites. » L'argumentation du neveu de Corneille n'est pas exempte d'une certaine chaleur apologétique, mais elle a le mérite de considérer l'ensemble de la production cornélienne comme un tout — comme une œuvre. Sur ce point, la critique contemporaine emboîte le pas à Fontenelle. Qu'il s'agisse d'entreprendre une biographie intellectuelle de Corneille, d'aborder son œuvre sous l'aspect dramaturgique, politique ou poétique, de cerner la constitution et l'évolution de l'idéal héroïque, les spécialistes modernes travaillent avant tout sur un univers, élaboré par Corneille pendant presque cinquante ans.

Quelle place occupe *Le Cid* dans cette œuvre riche et constamment renouvelée par une réflexion théorique sur la fonction et l'esthétique du genre dramatique ? Il ne marque ni un commencement ni une fin. Au début de l'année 1637, Corneille a déjà fait jouer six comédies, et une tragédie. *Le Cid* n'est pas sa première tragi-comédie : il avait donné en 1630-1631 un *Clitandre*. Quand, début janvier 1637[1], Paris s'enflamme au théâtre du Marais[2] pour les amours de Rodrigue et de Chimène, Corneille est déjà un auteur suffisamment estimé pour que Richelieu lui ait offert d'entrer dans la Société des cinq auteurs, chargée d'illustrer le théâtre français : à ce titre, il avait composé un acte de *La Comédie des Tuileries*.

Il est difficile d'établir une genèse précise du *Cid*. Corneille — et cette dette alimentera la fameuse « querelle du *Cid* » — tire son sujet d'une pièce touffue donnée à Madrid en 1618 par un dramaturge espagnol, Guillén de Castro, *Las Mocedades del Cid (La Jeunesse du Cid)*, sans que l'on puisse rien avancer de satisfaisant sur les raisons de ce choix. Il a dû également consulter l'historien Mariana, dont la caution, quelques années plus tard, lui sera utile pour défendre, contre ses détracteurs, le mariage

---

1. *Le Cid*, contrairement à une légende tenace, a été représenté dans les premiers jours de 1637 (sans doute le 4 janvier).
2. Sur le théâtre du Marais, voir dossier, p. 177.

de Chimène et de Rodrigue[1]. L'Espagne occupe l'actualité des années 1630 : on s'engoue pour sa littérature ; surtout, les Espagnols, en prenant Corbie, dans la Somme, ont fait trembler Paris, du 15 août 1636 au mois de novembre de la même année, où la ville fut reprise. Sur un autre plan, la question du duel et, d'une manière plus large, la mentalité nobiliaire face à un pouvoir royal ont pu préoccuper Corneille : Richelieu, après tant d'autres[2], poursuit avec rigueur une politique tendant à faire effectivement appliquer les peines contre les duellistes. Dans *Le Cid*, dont les « rencontres » et le duel judiciaire entre Rodrigue et don Sanche constituent les péripéties essentielles, le débat théorique pour ou contre la légitimité de cette pratique est engagé. La pièce, pas plus que les autres tragédies à sujet historique de Corneille, ne constitue une romanesque plongée en apnée dans un passé reculé : les allusions à l'actualité y sont nombreuses, et si elles donnent une indication sur les préoccupations morales, politiques ou sociales de Corneille en 1636, elles ont aussi contribué, pour une part, au succès considérable de la pièce.

Assurément, *Le Cid*, s'il fit des envieux (« Quand *Le Cid* parut, le cardinal en fut aussi alarmé que s'il avait vu les Espagnols devant Paris », susurre Fontenelle), ne compta jamais, pour personne, parmi les pièces que l'on eût aimé soustraire du répertoire de Corneille. Son succès fut tel que le théâtre du Marais, ne pouvant contenir en ses places habituelles la foule des spectateurs, dut ajouter des chaises sur la scène : des représentations du *Cid* daterait cet usage. Cependant que le public réservait à la pièce cet accueil triomphal, se développait, de mars à décembre 1637, la retentissante « querelle du *Cid* », alimentée par quelques confrères de Corneille. Les plus actifs furent Jean Mairet, auteur à la mode, et qui avait tenté de soumettre plusieurs de ses pièces, de genre différent, à la règle

1. Sur Guillén de Castro et ses prédécesseurs, voir dossier, p. 118.
2. Sur la question du duel, voir dossier, p. 156.

des unités — et Georges de Scudéry, qui venait de tirer de *L'Astrée* quatre tragi-comédies, entre 1630 et 1636, et de Cervantès son estimable *Amant libéral* (1636-1638). Quant à la prétendue jalousie de Richelieu, alarmé par le contenu politique d'une pièce subversive, et qui aurait sournoisement encouragé les adversaires de Corneille, elle fut répandue par Fontenelle et Boileau après la mort du cardinal. Richelieu, au contraire, tenta de modérer les esprits et prit la décision de mettre un terme à la polémique en demandant à la jeune Académie de juger la pièce.

La querelle débuta de façon presque insignifiante, et Corneille lui-même la déclencha en faisant circuler un curieux poème, *L'Excuse à Ariste* [1] : reçue par ses confrères comme une vaniteuse et intempestive déclaration de supériorité, elle constitua le *casus belli* :

« Je sais ce que je vaux, et crois ce qu'on m'en dit. »

Le premier à ouvrir sérieusement les hostilités fut Mairet, qui rédigea un fielleux libelle, *L'Auteur du vrai Cid espagnol à son traducteur français*, auquel Corneille dédaigna de répondre. Début avril, cependant qu'une pluie d'opuscules et de pamphlets s'abattait pour défendre l'auteur du *Cid* français ou pour l'accabler, Scudéry renchérit et publie de substantielles *Observations sur Le Cid*, dans lesquelles il prétend démontrer :

Que le sujet n'en vaut rien du tout
Qu'il choque les principales règles du poème dramatique
Qu'il manque de jugement en sa conduite
Qu'il a beaucoup de méchants vers
Que presque tout ce qu'il a de beautés sont dérobées
Et qu'ainsi l'estime qu'on en fait est injuste.

Souvent excessives et parfois calomnieuses, ces *Observations* avaient du moins le mérite d'engager un débat fructueux sur le double terrain littéraire et moral. La *Lettre apologétique* de Corneille, malgré son titre, ne constituait pas une réelle défense : frappé dans son orgueil, et fort du succès populaire de sa pièce, Corneille ne répondit

1. Voir dossier, p. 98.

que beaucoup plus tard, à l'occasion des rééditions du *Cid*, en 1648, puis en 1660. Scudéry alors demande l'arbitrage de l'Académie française, fondée en 1635 par Richelieu. Corneille se résigne. L'affaire était délicate pour cette jeune institution, compte tenu de son caractère officiel, de ses liens avec son fondateur, et du climat de passion qu'avait suscité la querelle. Deux versions du rapport furent rédigées par Chapelain : l'une fut jugée trop sévère par Richelieu, l'autre trop élogieuse. Enfin, le 20 décembre, paraissaient les cent quatre-vingt-douze pages des *Sentiments de l'Académie française touchant les observations faites sur la tragi-comédie du Cid* : habile compromis, l'ouvrage, dit Fontenelle, « satisfit le cardinal en reprenant exactement tous les défauts du *Cid*, et le public en le reprenant avec modération, et même souvent avec des louanges ». Le jugement est correct.

Le Cid, une pièce défectueuse ? La plupart des arguments ne prennent sens que dans le contexte littéraire et social des années 1630-1640. L'esprit et la doctrine classiques s'élaborent, et cette donnée fondamentale permet de comprendre les arguments « techniques » utilisés par les détracteurs du *Cid*. Ils touchent moins le spectateur contemporain, cela va sans dire, que la contestation intéressant l'éthique des personnages : par-delà l'étroitesse et l'intransigeance de son expression en 1637, elle portait sur des problèmes qui, n'étant pas de nature à être résolus, émeuvent toujours la sensibilité moderne et mettent en cause les significations profondes de la pièce.

Les années 1630-1640 voient l'apogée de la tragi-comédie : genre dominant, elle décline ensuite jusque vers 1670 où triomphent la comédie, la tragi-comédie et l'opéra. Codifiée tant bien que mal sous la poussée de l'esprit classique, la tragi-comédie échappe toutefois à une définition précise. On l'a parfois appelée le « refuge des irréguliers », dont le foisonnement baroque s'oppose à la rigueur classique de la tragédie. Au terme de son évolution, au moment donc où paraît *Le Cid*, ses traits sont assez nettement dessinés et suffisamment constants pour que

R. Guichemerre [1] précise les contours de ce genre : il réclame « une action dramatique souvent complexe, volontiers spectaculaire, parfois détendue par des intérêts plaisants, où des personnages de rang princier ou nobiliaire voient leur amour ou leur raison de vivre mis en péril par des obstacles qui disparaîtront heureusement au dénouement ». Actions spectaculaires (défis, duels, combat contre les Maures), rang élevé et aspirations nobles des personnages, obstacles traditionnels du genre (le roi, le père), conception exigeante de l'amour : ces éléments permettent de considérer Le Cid comme un chef-d'œuvre de la tragi-comédie. Mais si Mairet et Scudéry s'acharnèrent contre les faiblesses dramaturgiques de la pièce, c'est bien que, sans le dire, ils avaient conscience que sa force, son originalité, son ambition la mettaient bien au-dessus de la production contemporaine, et leurs assauts semblaient davantage dirigés contre ce qui était presque déjà une grande tragédie : c'est du reste ainsi que l'appelle Corneille dans son édition de 1648. Fontenelle définit le sujet du Cid comme « le plus beau qui ait jamais été traité », parce que Rodrigue tombe dans le malheur du fait même de sa vertu (« Si Rodrigue, plein de vertu et de générosité comme il est, venait à perdre une maîtresse dont il est aimé, on le plaindrait ; mais il la perd parce qu'il s'est acquitté de ce qu'il devait à son père [2] »), et parce que Chimène est dans la même situation. Pour la première fois, l'intérêt se porte sur la difficile résolution de conflits intérieurs, sur les déchirements d'amants parfaits qui vivent avec lucidité la souffrance de leur passion contrariée par leur haute conception de l'honneur. Dans la tragi-comédie d'aventures alors à la mode, le bonheur des amants était différé par une série mouvementée d'obstacles extérieurs, à caractère romanesque : enlèvements, séquestrations, naufrages. L'intérêt du spectateur se fondait sur le suspense. Avec Le Cid, Corneille fait dépendre la solution de la crise de la seule volonté, de la liberté des protagonistes.

1. Dans La Tragi-comédie (1981).
2. Réflexions sur la poétique, XLVI.

Corneille, simple imitateur de Guillén de Castro ? Mairet, le premier, avait porté l'accusation de plagiat, reprise par Scudéry, qui, mettant en garde, dans ses *Observations*, de longs passages de *La Jeunesse du Cid* et de la pièce française, prétendait démontrer que Corneille n'était qu'un habile traducteur. Celui-ci n'a jamais caché sa dette envers le dramaturge espagnol : « Voilà ce qu'a prêté l'histoire à M. Guillén de Castro qui a mis en scène ce fameux événement avant moi. » Avec hauteur, et pour laisser le lecteur seul juge, il fait figurer, dans son édition de 1648, la centaine de vers « imités ». L'Académie elle-même, en 1637, l'avait lavé de cette accusation, en reconnaissant son originalité. Le travail de Corneille sur le texte original est considérable : concentrant l'action en vingt-quatre heures au lieu des trois ans nécessaires à Guillén de Castro, il resserre l'intrigue de telle sorte que le conflit entre Rodrigue et Chimène, allégé d'un nombre important de péripéties, dépendant directement et uniquement du duel fatal au comte, s'enrichit d'une profondeur psychologique nouvelle, s'intériorise.

Malgré ce travail de resserrement, conforme aux conceptions nouvelles de l'esthétique théâtrale qui demandait que fût respectée la « règle d'un jour », les adversaires de Corneille se récrièrent : comment admettre que tant d'événements puissent être contenus en vingt-quatre heures ? Scudéry, en théoricien pointilleux, le souligne : « Dans le court espace d'un jour naturel, on élit un gouverneur au prince de Castille, il se fait une querelle entre don Diègue et le comte, un autre combat de Rodrigue et du comte, un autre de Rodrigue contre les Maures, un autre contre don Sanche et le mariage se conclut entre Rodrigue et Chimène », persiflant enfin : « Je vous laisse à juger si ne voilà pas un jour bien employé et si l'on n'aurait pas grand tort d'accuser tous ces personnages de paresse [...] Vingt-quatre ans suffiraient à peine. » L'exemple de l'unité de lieu montre toute l'ambiguïté de la situation dramaturgique du *Cid* : jugée comme tragédie, la pièce n'a pas encore les exactes proportions qui ne s'imposent qu'après 1640 ; comme tragi-comédie, elle marque un progrès incontes-

table vers la régularité : en 1623, aucun censeur ne pro-
testa contre les huit journées et les quarante actes de la
Théagène et Cariclée d'A. Hardy. La querelle du *Cid* était
une bien mauvaise querelle.

Les arguments développés par les détracteurs de Corneille sur la question des bienséances, exigeant que ni les
personnages ni les événements ne choquent la sensibilité,
et celle de la vraisemblance sont à la fois d'ordre littéraire
et moral. *Le Cid*, affirme Scudéry, constitue « une instruction au mal, un aiguillon pour nous y pousser ». La
formule, par sa virulence partisane, peut faire sourire. Elle
forme la conclusion d'une argumentation visant essentiel-
lement le personnage de Chimène : « On y voit une fille
dénaturée ne parler que de ses folies lorsqu'elle ne doit
parler que de son malheur ; plaindre la perte de son amant
lorsqu'elle ne doit songer qu'à celle de son père ; aimer
encore ce qu'elle doit abhorrer. » La première rencontre
des amants, à l'acte III, heurtant les mœurs, est qualifiée
« d'abominable procédure ». Quant au dénouement heureux, il est jugé scandaleux, Chimène acceptant de « joindre sa main à celle qui dégoutte encore du sang de son
père ». Le vraisemblable, fils naturel de la bienséance, doit
donc supplanter, au besoin, le « vrai », c'est-à-dire l'Histoire. L'Académie proposa plusieurs dénouements au *Cid*,
de manière à satisfaire aux exigences de la morale : « Que
le comte ne se fût pas trouvé à la fin le véritable père de
Chimène » (coup de théâtre), ou que, « contre l'opinion
de tout le monde, il ne fût pas mort de sa blessure » (le
mort vivant), ou que « le salut du roi et du royaume ait
absolument dépendu de ce mariage » (les époux martyrs).

Corneille, sur la question du vrai et du vraisemblable,
a pris une position originale, en défendant l'historicité aux
dépens de la régularité. Dans l'*Épître dédicatoire* de *La
Suivante*, texte contemporain de la querelle du *Cid*, il
affirme son attachement aux règles mais, refusant d'être
leur « esclave », il insiste sur leur relativité ; elles sont
tenues dans la dépendance de l'époque qui les invente. Il
se demande « de quelle espèce est la vraisemblance qu'ont
suivie les grands maîtres des autres siècles, en faisant

parler des bêtes et des choses qui n'ont point de corps ». Nées du moment et pour le moment, les règles doivent être respectées dans la seule mesure où elles contribuent à la beauté : « Je les élargis et resserre selon le besoin qu'en a mon sujet, et je romps même sans scrupule celle qui regarde la durée de l'action, quand sa sévérité me semble absolument incompatible avec les beautés des événements que je décris. » Cette position hardie lui permet de défendre à la fois la rencontre, à l'acte III, de Rodrigue et de Chimène, et le dénouement heureux. Pour la première, il fait valoir, au moment où Rodrigue se présente devant Chimène, « certain frémissement dans l'assemblée, qui marquait une curiosité merveilleuse et un redoublement d'attention » : les spectateurs, sensibles à l'intensité dramatique et à la vérité psychologique de la scène, acceptaient d'être emportés au-delà des limites imposées par la bienséance qui, peut-être, eût interdit à Rodrigue d'affronter sa maîtresse. Quant au dénouement, Corneille, préférant la stabilité du fait historique établi et reconnu au caractère mouvant et subjectif des règles, s'en tint longtemps à ses sources espagnoles [1]. Mais dans l'édition de 1660, il brouille les cartes : au lieu de donner le mariage de Chimène et de Rodrigue pour certain, soucieux, dit-il, d'« accorder la bienséance du théâtre avec la vérité de l'événement », il en « jette quelque idée, mais avec incertitude de l'effet » : l'ultime protestation de Chimène laisse entendre que le roi pourrait revenir sur son ordre et renoncer à marier les jeunes gens [2]. Aménagement peu convaincant : les derniers mots sont pour un Rodrigue plein d'espoir et pour un roi très conciliant. Corneille semble tout faire pour empêcher le spectateur de croire au dénouement amer, inscrit dans le texte comme une virtualité. Pour Péguy, la fin heureuse est à la fois une nécessité dramaturgique et humaine : « La force de grâce de Corneille est telle qu'elle envahit l'événement même. Une tra-

1. Voir l'*Avertissement* à l'édition de 1648, p. 103.
2. Acte V, scène 7, vers 1808-1810.

gédie de Corneille finit toujours bien. Héroïsme, clémence, pardon, martyre, elle finit toujours par un couronnement [1]. »

Ainsi, le système dramatique du *Cid*, conçu dans une période de transition vers le théâtre régulier, en dépit des positions originales de son auteur, de ses hardiesses, de ses audaces, n'apportait pas de véritable innovation au spectateur de 1637. Celui-ci saluait plutôt avec enthousiasme la naissance de ce qui serait, jusqu'à *Suréna*, au cœur de la thématique cornélienne : l'héroïsme. Son histoire est longue. Orgueilleuse exaltation de soi ou quête douloureuse, défi sublime ou résolution déchirante de conflits intérieurs, l'héroïsme cornélien est loin d'accepter une définition simple, étant donné les formes différentes et complexes qu'il a pu prendre de 1637 à 1674. Triomphant ou désenchanté, le héros met son énergie, dans une tension permanente, au service d'un idéal dont l'accomplissement consacrera sa « gloire ». Il dépend d'une famille, d'une caste, d'un « ordre de race », selon la formule de Charles Péguy : le « généreux », c'est-à-dire, littéralement, l'homme bien né, assume les valeurs d'une communauté avant de conquérir — dans l'espace tragique — son autonomie morale. L'héroïsme suppose un trajet, dont l'aboutissement est marqué par la résolution personnelle des crises, des épreuves qui surgissent du conflit entre des exigences ou des impulsions contradictoires. Rodrigue est tout à la fois fils de don Diègue, amant de Chimène et sujet du roi de Castille : il remplit successivement ses devoirs, en lavant l'affront fait à son père et, à travers son père, à lui-même, en sacrifiant son amour, en sauvant la Castille au prix de sa vie : héroïque, il est tout ensemble Rodrigue, Bivar et le Cid. La beauté de la pièce tient à ce que Chimène aussi, et en même temps que lui, accède à l'héroïsme, leur situation, en terme de devoirs, étant comparable : malgré ses pleurs, elle choisit l'honneur et demande, jusqu'au bout, sans plier, le châ-

---

1. In *Victor-Marie, comte Hugo*, 1911.

timent de Rodrigue. Ils se portent mutuellement, pour ainsi
dire, inséparables, égaux dans la cordée héroïque, dans
le douloureux cheminement qui scelle leur union tout en
les opposant. C'est bien en considération de leur amour
qu'ils doivent satisfaire aux exigences de l'honneur : ils
sacrifient leur amour pour s'aimer parfaitement.

Aussi le fameux dilemme cornélien n'est-il pas, tant s'en
faut, le raide débat par lequel doit passer le — futur —
héros, pour y voir clair en lui-même, et choisir : il n'est
pas la belle joute oratoire livrée dans le théâtre d'une belle
âme. « Il serait facile, écrit Paul Bénichou [1], de montrer
que Corneille confond l'honneur et le cœur plus profondément qu'il ne les oppose, et que tout le mouvement du
drame va, chez lui, de la division passagère de l'âme à la
conscience retrouvée de son unité. » De fait, il n'y aurait
pas d'héroïsme, mais tout au plus du courage, à éliminer
la passion quand elle compromet l'honneur. « On
n'entend rien au tragique [...] de Corneille si on n'y veut
voir qu'un conflit pour ainsi dire intellectuel et livresque
entre le devoir pris au sens des moralistes et la passion prise
au sens des moralistes. » Charles Péguy, aussi, dans les
pages lumineuses de sa *Note conjointe sur M. Descartes
et la philosophie cartésienne*, a admirablement analysé
l'égalité posée par Corneille entre l'amour « honoré d'honneur », et l'honneur « aimé d'amour » : « L'honneur est
encore un amour et l'amour est encore un honneur. » « *Le
Cid* est la tragédie du noble jeu » car honneur et amour,
ne s'opposant pas comme une grandeur qui aurait à lutter contre une faiblesse, sont l'objet d'un culte équivalent,
pour « ces admirables jeunes gens près de qui tout est
vieux, près de qui tout est ridé ». Et si *Le Cid* n'est pas
une pièce parfaite, du moins à ses yeux contient-il, avec
l'admirable rencontre des amants que jamais le sacrifice
ne brise, « le seul morceau peut-être dans toute la poétique
moderne qui nous rende un écho de la pureté antique ».

---

1. *Morales du grand siècle,* op. cit., p. 56.

LE CID

TRAGI-COMÉDIE
REPRÉSENTÉE POUR LA PREMIÈRE FOIS
À PARIS SUR LE THÉÂTRE DU MARAIS
EN JANVIER 1637

LES PERSONNAGES

DON FERNAND	premier roi de Castille
DOÑA URRAQUE	infante de Castille
DON DIÈGUE	père de don Rodrigue
DON GOMÈS	comte de Gormas, père de Chimène
DON RODRIGUE	amant de Chimène
DON SANCHE	amoureux de Chimène
DON ARIAS DON ALONSE	gentilshommes castillans
CHIMÈNE	fille de don Gomès
LÉONOR	gouvernante de l'Infante
ELVIRE	gouvernante de Chimène
UN PAGE	de l'Infante

ACTE I

SCÈNE 1
Chimène, Elvire.

CHIMÈNE

Elvire, m'as-tu fait un rapport bien sincère ?
Ne déguises-tu rien de ce qu'a dit mon père ?

ELVIRE

Tous mes sens à moi-même en sont encor charmés :
Il estime Rodrigue autant que vous l'aimez,
5 Et si je ne m'abuse à lire dans son âme,
Il vous commandera de répondre à sa flamme.

CHIMÈNE

Dis-moi donc, je te prie, une seconde fois
Ce qui te fait juger qu'il approuve mon choix :
Apprends-moi de nouveau quel espoir j'en dois
[prendre ;
10 Un si charmant discours ne se peut trop entendre ;
Tu ne peux trop promettre aux feux de notre amour
La douce liberté de se montrer au jour.
Que t'a-t-il répondu sur la secrète brigue
Que font auprès de toi don Sanche et don Rodrigue ?
15 N'as-tu point trop fait voir quelle inégalité
Entre ces deux amants me penche d'un côté ?

ELVIRE

Non ; j'ai peint votre cœur dans une indifférence
Qui n'enfle d'aucun d'eux ni détruit l'espérance,

Et sans les voir d'un œil trop sévère ou trop doux,
20 Attend l'ordre d'un père à choisir un époux.
Ce respect l'a ravi, sa bouche et son visage
M'en ont donné sur l'heure un digne témoignage,
Et puisqu'il vous en faut encor faire un récit,
Voici d'eux et de vous ce qu'en hâte il m'a dit :
25 « Elle est dans le devoir ; tous deux sont dignes d'elle,
Tous deux formés d'un sang noble, vaillant, fidèle,
Jeunes, mais qui font lire aisément dans leurs yeux
L'éclatante vertu de leurs braves aïeux.
Don Rodrigue surtout n'a trait en son visage
30 Qui d'un homme de cœur ne soit la haute image,
Et sort d'une maison si féconde en guerriers,
Qu'ils y prennent naissance au milieu des lauriers.
La valeur de son père, en son temps sans pareille,
Tant qu'a duré sa force, a passé pour merveille ;
35 Ses rides sur son front ont gravé ses exploits,
Et nous disent encor ce qu'il fut autrefois.
Je me promets du fils ce que j'ai vu du père ;
Et ma fille, en un mot, peut l'aimer et me plaire. »
Il allait au Conseil, dont l'heure qui pressait
40 A tranché ce discours qu'à peine il commençait ;
Mais à ce peu de mots je crois que sa pensée
Entre vos deux amants n'est pas fort balancée.
Le Roi doit à son fils élire un gouverneur,
Et c'est lui que regarde un tel degré d'honneur :
45 Ce choix n'est pas douteux, et sa rare vaillance
Ne peut souffrir qu'on craigne aucune concurrence.
Comme ses hauts exploits le rendent sans égal,
Dans un espoir si juste il sera sans rival ;
Et puisque don Rodrigue a résolu son père
50 Au sortir du Conseil à proposer l'affaire,
Je vous laisse à juger s'il prendra bien son temps,
Et si tous vos désirs seront bientôt contents.

CHIMÈNE

Il semble toutefois que mon âme troublée
Refuse cette joie et s'en trouve accablée :

55 Un moment donne au sort des visages divers,
   Et dans ce grand bonheur je crains un grand revers.

ELVIRE

Vous verrez cette crainte heureusement déçue.

CHIMÈNE

Allons, quoi qu'il en soit, en attendre l'issue.

SCÈNE 2
L'Infante, Léonor, le page.

L'INFANTE

   Page, allez avertir Chimène de ma part
60 Qu'aujourd'hui pour me voir elle attend un peu tard,
   Et que mon amitié se plaint de sa paresse.
                (Le page rentre.)

LÉONOR

Madame, chaque jour même désir vous presse ;
Et dans son entretien je vous vois chaque jour
Demander en quel point se trouve son amour.

L'INFANTE

65 Ce n'est pas sans sujet : je l'ai presque forcée
   À recevoir les traits dont son âme est blessée.
   Elle aime don Rodrigue, et le tient de ma main,
   Et par moi don Rodrigue a vaincu son dédain :
   Ainsi de ces amants ayant formé les chaînes,
70 Je dois prendre intérêt à voir finir leurs peines.

LÉONOR

Madame, toutefois parmi leurs bons succès
Vous montrez un chagrin qui va jusqu'à l'excès.
Cet amour, qui tous deux les comble d'allégresse,
Fait-il de ce grand cœur la profonde tristesse,

Voir *Au fil du texte*, p. VIII.

75 Et ce grand intérêt que vous prenez pour eux
   Vous rend-il malheureuse alors qu'ils sont heureux ?
   Mais je vais trop avant et deviens indiscrète.

                    L'INFANTE

   Ma tristesse redouble à la tenir secrète.
   Écoute, écoute enfin comme j'ai combattu,
80 Écoute quels assauts brave encor ma vertu.
   L'amour est un tyran qui n'épargne personne :
   Ce jeune cavalier, cet amant que je donne,
   Je l'aime.

                    LÉONOR

              Vous l'aimez !

                    L'INFANTE

                          Mets la main sur mon cœur,
   Et vois comme il se trouble au nom de son vainqueur,
85 Comme il le reconnaît.

                    LÉONOR

                      Pardonnez-moi, Madame,
   Si je sors du respect pour blâmer cette flamme.
   Une grande princesse à ce point s'oublier
   Que d'admettre en son cœur un simple cavalier !
   Et que dirait le Roi ? que dirait la Castille ?
90 Vous souvient-il encor de qui vous êtes fille ?

                    L'INFANTE

   Il m'en souvient si bien que j'épandrai mon sang
   Avant que je m'abaisse à démentir mon rang.
   Je te répondrais bien que dans les belles âmes
   Le seul mérite a droit de produire des flammes ;
95 Et si ma passion cherchait à s'excuser,
   Mille exemples fameux pourraient l'autoriser ;
   Mais je n'en veux point suivre où ma gloire s'engage ;
   La surprise des sens n'abat point mon courage ;
   Et je me dis toujours qu'étant fille de roi,
100 Tout autre qu'un monarque est indigne de moi.

Quand je vis que mon cœur ne se pouvait défendre,
Moi-même je donnai ce que je n'osais prendre.
Je mis, au lieu de moi, Chimène en ses liens,
Et j'allumai leurs feux pour éteindre les miens.
105 Ne t'étonne donc plus si mon âme gênée
Avec impatience attend leur hyménée :
Tu vois que mon repos en dépend aujourd'hui.
Si l'amour vit d'espoir, il périt avec lui :
C'est un feu qui s'éteint, faute de nourriture ;
110 Et malgré la rigueur de ma triste aventure,
Si Chimène a jamais Rodrigue pour mari,
Mon espérance est morte, et mon esprit guéri.
Je souffre cependant un tourment incroyable :
Jusques à cet hymen Rodrigue m'est aimable,
115 Je travaille à le perdre, et le perds à regret ;
Et de là prend son cours mon déplaisir secret.
Je vois avec chagrin que l'amour me contraigne
À pousser des soupirs pour ce que je dédaigne ;
Je sens en deux partis mon esprit divisé :
120 Si mon courage est haut, mon cœur est embrasé.
Cet hymen m'est fatal, je le crains et souhaite :
Je n'ose en espérer qu'une joie imparfaite.
Ma gloire et mon amour ont pour moi tant d'appas,
Que je meurs s'il s'achève ou ne s'achève pas.

LÉONOR

125 Madame, après cela je n'ai rien à vous dire,
Sinon que de vos maux avec vous je soupire :
Je vous blâmais tantôt, je vous plains à présent ;
Mais puisque dans un mal si doux et si cuisant
Votre vertu combat et son charme et sa force,
130 En repousse l'assaut, en rejette l'amorce,
Elle rendra le calme à vos esprits flottants.
Espérez donc tout d'elle, et du secours du temps ;
Espérez tout du Ciel : il a trop de justice
Pour laisser la vertu dans un si long supplice.

L'INFANTE

135 Ma plus douce espérance est de perdre l'espoir.

LE PAGE

Par vos commandements Chimène vous vient voir.

L'INFANTE, *à Léonor.*

Allez l'entretenir en cette galerie.

LÉONOR

Voulez-vous demeurer dedans la rêverie ?

L'INFANTE

Non, je veux seulement, malgré mon déplaisir,
140 Remettre mon visage un peu plus à loisir.
Je vous suis.

         Juste Ciel, d'où j'attends mon remède,
Mets enfin quelque borne au mal qui me possède :
Assure mon repos, assure mon honneur.
Dans le bonheur d'autrui je cherche mon bonheur :
145 Cet hyménée à trois également importe ;
Rends son effet plus prompt, ou mon âme plus forte.
D'un lien conjugal joindre ces deux amants,
C'est briser tous mes fers et finir mes tourments.
Mais je tarde un peu trop : allons trouver Chimène,
150 Et par son entretien soulager notre peine.

SCÈNE 3

◆◇ Le Comte, Don Diègue.

LE COMTE

Enfin vous l'emportez, et la faveur du Roi
Vous élève en un rang qui n'était dû qu'à moi :
Il vous fait gouverneur du prince de Castille.

DON DIÈGUE

Cette marque d'honneur qu'il met dans ma famille
155 Montre à tous qu'il est juste, et fait connaître assez
Qu'il sait récompenser les services passés.

◆◇ Voir *Au fil du texte*, p. IX.

LE COMTE

Pour grands que soient les rois, ils sont ce que nous
[sommes :
Ils peuvent se tromper comme les autres hommes,
Et ce choix sert de preuve à tous les courtisans
160 Qu'ils savent mal payer les services présents.

DON DIÈGUE

Ne parlons plus d'un choix dont votre esprit s'irrite :
La faveur l'a pu faire autant que le mérite ;
Mais on doit ce respect au pouvoir absolu
De n'examiner rien quand un roi l'a voulu.
165 À l'honneur qu'il m'a fait ajoutez-en un autre ;
Joignons d'un sacré nœud ma maison à la vôtre :
Vous n'avez qu'une fille, et moi je n'ai qu'un fils ;
Leur hymen nous peut rendre à jamais plus qu'amis :
Faites-nous cette grâce, et l'acceptez pour gendre.

LE COMTE

170 À des partis plus hauts ce beau fils doit prétendre ;
Et le nouvel éclat de votre dignité
Lui doit enfler le cœur d'une autre vanité.
Exercez-la, Monsieur, et gouvernez le Prince :
Montrez-lui comme il faut régir une province,
175 Faire trembler partout les peuples sous sa loi,
Remplir les bons d'amour, et les méchants d'effroi.
Joignez à ces vertus celles d'un capitaine :
Montrez-lui comme il faut s'endurcir à la peine,
Dans le métier de Mars se rendre sans égal,
180 Passer les jours entiers et les nuits à cheval,
Reposer tout armé, forcer une muraille,
Et ne devoir qu'à soi le gain d'une bataille.
Instruisez-le d'exemple, et rendez-le parfait,
Expliquant à ses yeux vos leçons par l'effet.

DON DIÈGUE

185 Pour s'instruire d'exemple, en dépit de l'envie,
Il lira seulement l'histoire de ma vie.

Là, dans un long tissu de belles actions,
Il verra comme il faut dompter des nations,
Attaquer une place, ordonner une armée,
190 Et sur de grands exploits bâtir sa renommée.

LE COMTE

Les exemples vivants sont d'un autre pouvoir ;
Un prince dans un livre apprend mal son devoir.
Et qu'a fait après tout ce grand nombre d'années,
Que ne puisse égaler une de mes journées ?
195 Si vous fûtes vaillant, je le suis aujourd'hui,
Et ce bras du royaume est le plus ferme appui.
Grenade et l'Aragon tremblent quand ce fer brille ;
Mon nom sert de rempart à toute la Castille :
Sans moi, vous passeriez bientôt sous d'autres lois,
200 Et vous auriez bientôt vos ennemis pour rois.
Chaque jour, chaque instant, pour rehausser ma gloire,
Met lauriers sur lauriers, victoire sur victoire :
Le Prince à mes côtés ferait dans les combats
L'essai de son courage à l'ombre de mon bras ;
205 Il apprendrait à vaincre en me regardant faire,
Et pour répondre en hâte à son grand caractère,
Il verrait...

DON DIÈGUE

Je le sais, vous servez bien le Roi :
Je vous ai vu combattre et commander sous moi.
Quand l'âge dans mes nerfs a fait couler sa glace,
210 Votre rare valeur a bien rempli ma place ;
Enfin, pour épargner les discours superflus,
Vous êtes aujourd'hui ce qu'autrefois je fus.
Vous voyez toutefois qu'en cette concurrence
Un monarque entre nous met quelque différence.

LE COMTE

215 Ce que je méritais, vous l'avez emporté.

DON DIÈGUE

Qui l'a gagné sur vous l'avait mieux mérité.

LE COMTE
Qui peut mieux l'exercer en est bien le plus digne.

DON DIÈGUE
En être refusé n'en est pas un bon signe.

LE COMTE
Vous l'avez eu par brigue, étant vieux courtisan.

DON DIÈGUE
220 L'éclat de mes hauts faits fut mon seul partisan.

LE COMTE
Parlons-en mieux, le Roi fait honneur à votre âge.

DON DIÈGUE
Le Roi, quand il en fait, le mesure au courage.

LE COMTE
Et par là cet honneur n'était dû qu'à mon bras.

DON DIÈGUE
Qui n'a pu l'obtenir ne le méritait pas.

LE COMTE
225 Ne le méritait pas ! moi ?

DON DIÈGUE
                    Vous.

LE COMTE
                                        Ton impudence,
Téméraire vieillard, aura sa récompense.
                (Il lui donne un soufflet.)

DON DIÈGUE, *mettant l'épée à la main*
Achève, et prends ma vie, après un tel affront,
Le premier dont ma race ait vu rougir son front.

LE COMTE

Et que penses-tu faire avec tant de faiblesse ?

DON DIÈGUE

230 Ô Dieu ! ma force usée en ce besoin me laisse !

LE COMTE

Ton épée est à moi ; mais tu serais trop vain,
Si ce honteux trophée avait chargé ma main.
Adieu : fais lire au Prince, en dépit de l'envie,
Pour son instruction, l'histoire de ta vie :
235 D'un insolent discours ce juste châtiment
Ne lui servira pas d'un petit ornement.

SCÈNE 4

DON DIÈGUE

Ô rage ! ô désespoir ! ô vieillesse ennemie !
N'ai-je donc tant vécu que pour cette infamie ?
Et ne suis-je blanchi dans les travaux guerriers
240 Que pour voir en un jour flétrir tant de lauriers ?
Mon bras, qu'avec respect toute l'Espagne admire,
Mon bras, qui tant de fois a sauvé cet empire,
Tant de fois affermi le trône de son Roi,
Trahit donc ma querelle, et ne fait rien pour moi ?
245 Ô cruel souvenir de ma gloire passée !
Œuvre de tant de jours en un jour effacée !
Nouvelle dignité, fatale à mon bonheur !
Précipice élevé d'où tombe mon honneur !
Faut-il de votre éclat voir triompher le Comte,
250 Et mourir sans vengeance, ou vivre dans la honte ?
Comte, sois de mon Prince à présent gouverneur :
Ce haut rang n'admet point un homme sans honneur ;
Et ton jaloux orgueil, par cet affront insigne,
Malgré le choix du Roi, m'en a su rendre indigne.

255 Et toi, de mes exploits glorieux instrument,
    Mais d'un corps tout de glace inutile ornement,
    Fer, jadis tant à craindre et qui, dans cette offense,
    M'as servi de parade et non pas de défense,
    Va, quitte désormais le dernier des humains,
260 Passe, pour me venger, en de meilleures mains.

SCÈNE 5
Don Diègue, Don Rodrigue.

DON DIÈGUE

Rodrigue, as-tu du cœur ?

DON RODRIGUE

                    Tout autre que mon père
L'éprouverait sur l'heure.

DON DIÈGUE

                    Agréable colère !
Digne ressentiment à ma douleur bien doux !
Je reconnais mon sang à ce noble courroux ;
265 Ma jeunesse revit en cette ardeur si prompte.
    Viens, mon fils, viens, mon sang, viens réparer ma
                                            [honte ;
    Viens me venger.

DON RODRIGUE

        De quoi ?

DON DIÈGUE

                    D'un affront si cruel,
Qu'à l'honneur de tous deux il porte un coup mortel :
D'un soufflet. L'insolent en eût perdu la vie ;
270 Mais mon âge a trompé ma généreuse envie ;
    Et ce fer que mon bras ne peut plus soutenir,
    Je le remets au tien pour venger et punir.

Va contre un arrogant éprouver ton courage :
Ce n'est que dans le sang qu'on lave un tel outrage ;
275 Meurs ou tue. Au surplus, pour ne te point flatter,
Je te donne à combattre un homme à redouter :
Je l'ai vu, tout couvert de sang et de poussière,
Porter partout l'effroi dans une armée entière.
J'ai vu par sa valeur cent escadrons rompus ;
280 Et pour t'en dire encor quelque chose de plus,
Plus que brave soldat, plus que grand capitaine,
C'est...

DON RODRIGUE
De grâce, achevez.

DON DIÈGUE
Le père de Chimène.

DON RODRIGUE
Le...

DON DIÈGUE
Ne réplique point, je connais ton amour ;
Mais qui peut vivre infâme est indigne du jour.
285 Plus l'offenseur est cher, et plus grande est l'offense.
Enfin tu sais l'affront, et tu tiens la vengeance :
Je ne te dis plus rien. Venge-moi, venge-toi ;
Montre-toi digne fils d'un père tel que moi.
Accablé des malheurs où le destin me range,
290 Je vais les déplorer : va, cours, vole, et nous venge.

SCÈNE 6

DON RODRIGUE
Percé jusques au fond du cœur
D'une atteinte imprévue aussi bien que mortelle,
Misérable vengeur d'une juste querelle,

☞ Voir *Au fil du texte*, p. IX.

Et malheureux objet d'une injuste rigueur,
295 Je demeure immobile, et mon âme abattue
           Cède au coup qui me tue.
      Si près de voir mon feu récompensé,
           Ô Dieu, l'étrange peine !
      En cet affront mon père est l'offensé,
300   Et l'offenseur le père de Chimène !
           Que je sens de rudes combats !
Contre mon propre honneur mon amour s'intéresse :
Il faut venger un père, et perdre une maîtresse :
L'un m'anime le cœur, l'autre retient mon bras.
305 Réduit au triste choix ou de trahir ma flamme,
           Ou de vivre en infâme,
      Des deux côtés mon mal est infini.
           Ô Dieu, l'étrange peine !
      Faut-il laisser un affront impuni ?
310   Faut-il punir le père de Chimène ?
Père, maîtresse, honneur, amour,
Noble et dure contrainte, aimable tyrannie,
Tous mes plaisirs sont morts, ou ma gloire ternie.
L'un me rend malheureux, l'autre indigne du jour.
315 Cher et cruel espoir d'une âme généreuse,
           Mais ensemble amoureuse,
Digne ennemi de mon plus grand bonheur,
           Fer qui causes ma peine,
      M'es-tu donné pour venger mon honneur ?
320   M'es-tu donné pour perdre ma Chimène ?
           Il vaut mieux courir au trépas.
Je dois à ma maîtresse aussi bien qu'à mon père ;
J'attire en me vengeant sa haine et sa colère ;
J'attire ses mépris en ne me vengeant pas.
325 À mon plus doux espoir l'un me rend infidèle,
           Et l'autre indigne d'elle.
      Mon mal augmente à le vouloir guérir ;
           Tout redouble ma peine.
      Allons, mon âme ; et puisqu'il faut mourir,
330 Mourons du moins sans offenser Chimène.
           Mourir sans tirer ma raison !
Rechercher un trépas si mortel à ma gloire !

Endurer que l'Espagne impute à ma mémoire
D'avoir mal soutenu l'honneur de ma maison !
335 Respecter un amour dont mon âme égarée
   Voit la perte assurée !
  N'écoutons plus ce penser suborneur,
   Qui ne sert qu'à ma peine.
  Allons, mon bras, sauvons du moins l'honneur,
340 Puisqu'après tout il faut perdre Chimène.
   Oui, mon esprit s'était déçu.
Je dois tout à mon père avant qu'à ma maîtresse :
Que je meure au combat, ou meure de tristesse,
Je rendrai mon sang pur comme je l'ai reçu.
345 Je m'accuse déjà de trop de négligence :
   Courons à la vengeance ;
  Et tout honteux d'avoir tant balancé,
Ne soyons plus en peine,
Puisqu'aujourd'hui mon père est l'offensé,
350 Si l'offenseur est père de Chimène.

ACTE II

SCÈNE 1
Don Arias, le Comte.

LE COMTE

Je l'avoue entre nous, mon sang un peu trop chaud
S'est trop ému d'un mot et l'a porté trop haut ;
Mais puisque c'en est fait, le coup est sans remède.

DON ARIAS

Qu'aux volontés du Roi ce grand courage cède :
355 Il y prend grande part, et son cœur irrité
Agira contre vous de pleine autorité.
Aussi vous n'avez point de valable défense :
Le rang de l'offensé, la grandeur de l'offense,
Demandent des devoirs et des submissions
360 Qui passent le commun des satisfactions.

LE COMTE

Le Roi peut à son gré disposer de ma vie.

DON ARIAS

De trop d'emportement votre faute est suivie.
Le Roi vous aime encore ; apaisez son courroux.
Il a dit : « Je le veux » ; désobéirez-vous ?

LE COMTE

365 Monsieur, pour conserver tout ce que j'ai d'estime,
Désobéir un peu n'est pas un si grand crime ;
Et quelque grand qu'il soit, mes services présents
Pour le faire abolir sont plus que suffisants.

DON ARIAS

Quoi qu'on fasse d'illustre et de considérable,
370 Jamais à son sujet un roi n'est redevable.
Vous vous flattez beaucoup, et vous devez savoir
Que qui sert bien son roi ne fait que son devoir.
Vous vous perdrez, Monsieur, sur cette confiance.

LE COMTE

Je ne vous en croirai qu'après l'expérience.

DON ARIAS

375 Vous devez redouter la puissance d'un roi.

LE COMTE

Un jour seul ne perd pas un homme tel que moi.
Que toute sa grandeur s'arme pour mon supplice,
Tout l'État périra, s'il faut que je périsse.

DON ARIAS

Quoi ! vous craignez si peu le pouvoir souverain...

LE COMTE

380 D'un sceptre qui sans moi tomberait de sa main !
Il a trop d'intérêt lui-même en ma personne,
Et ma tête en tombant ferait choir sa couronne.

DON ARIAS

Souffrez que la raison remette vos esprits.
Prenez un bon conseil.

LE COMTE

                        Le conseil en est pris.

DON ARIAS

385 Que lui dirai-je enfin ? Je lui dois rendre conte.

LE COMTE

Que je ne puis du tout consentir à ma honte.

DON ARIAS

Mais songez que les rois veulent être absolus.

LE COMTE

Le sort en est jeté, Monsieur, n'en parlons plus.

DON ARIAS

Adieu donc, puisqu'en vain je tâche à vous résoudre :
390 Avec tous vos lauriers, craignez encor le foudre.

LE COMTE

Je l'attendrai sans peur.

DON ARIAS

                    Mais non pas sans effet.

LE COMTE

Nous verrons donc par là don Diègue satisfait.
                    (Il est seul.)
Qui ne craint point la mort ne craint point les menaces.
J'ai le cœur au-dessus des plus fières disgrâces ;
395 Et l'on peut me réduire à vivre sans bonheur,
Mais non pas me résoudre à vivre sans honneur.

SCÈNE 2
Le Comte, Don Rodrigue.

DON RODRIGUE

À moi, Comte, deux mots.

LE COMTE

                    Parle.

DON RODRIGUE

                         Ôte-moi d'un doute.
Connais-tu bien don Diègue ?

LE COMTE

Oui.

DON RODRIGUE

Parlons bas ; écoute.
Sais-tu que ce vieillard fut la même vertu,
400 La vaillance et l'honneur de son temps ? le sais-tu ?

LE COMTE

Peut-être.

DON RODRIGUE

Cette ardeur que dans les yeux je porte,
Sais-tu que c'est son sang ? le sais-tu ?

LE COMTE

Que m'importe !

DON RODRIGUE

À quatre pas d'ici je te le fais savoir.

LE COMTE

Jeune présomptueux !

DON RODRIGUE

Parle sans t'émouvoir.
405 Je suis jeune, il est vrai ; mais aux âmes bien nées
La valeur n'attend point le nombre des années.

LE COMTE

Te mesurer à moi ! qui t'a rendu si vain,
Toi qu'on n'a jamais vu les armes à la main ?

DON RODRIGUE

Mes pareils à deux fois ne se font point connaître,
410 Et pour leurs coups d'essai veulent des coups de
                                                    [maître.

LE COMTE

Sais-tu bien qui je suis ?

DON RODRIGUE

                Oui ; tout autre que moi
Au seul bruit de ton nom pourrait trembler d'effroi.
Les palmes dont je vois ta tête si couverte
Semblent porter écrit le destin de ma perte.
415 J'attaque en téméraire un bras toujours vainqueur ;
Mais j'aurai trop de force, ayant assez de cœur.
À qui venge son père il n'est rien impossible.
Ton bras est invaincu, mais non pas invincible.

LE COMTE

Ce grand cœur qui paraît aux discours que tu tiens,
420 Par tes yeux, chaque jour, se découvrait aux miens ;
Et croyant voir en toi l'honneur de la Castille,
Mon âme avec plaisir te destinait ma fille.
Je sais ta passion, et suis ravi de voir
Que tous ses mouvements cèdent à ton devoir ;
425 Qu'ils n'ont point affaibli cette ardeur magnanime ;
Que ta haute vertu répond à mon estime ;
Et que, voulant pour gendre un cavalier parfait,
Je ne me trompais point au choix que j'avais fait ;
Mais je sens que pour toi ma pitié s'intéresse ;
430 J'admire ton courage, et je plains ta jeunesse.
Ne cherche point à faire un coup d'essai fatal ;
Dispense ma valeur d'un combat inégal ;
Trop peu d'honneur pour moi suivrait cette victoire :
À vaincre sans péril, on triomphe sans gloire.
435 On te croirait toujours abattu sans effort ;
Et j'aurais seulement le regret de ta mort.

DON RODRIGUE

D'une indigne pitié ton audace est suivie :
Qui m'ose ôter l'honneur craint de m'ôter la vie !

LE COMTE

Retire-toi d'ici.

DON RODRIGUE
Marchons sans discourir.

LE COMTE
440 Es-tu si las de vivre ?

DON RODRIGUE
As-tu peur de mourir ?

LE COMTE
Viens, tu fais ton devoir, et le fils dégénère
Qui survit un moment à l'honneur de son père.

SCÈNE 3
L'Infante, Chimène, Léonor.

L'INFANTE
Apaise, ma Chimène, apaise ta douleur :
Fais agir ta constance en ce coup de malheur.
445 Tu reverras le calme après ce faible orage ;
Ton bonheur n'est couvert que d'un peu de nuage,
Et tu n'as rien perdu pour le voir différer.

CHIMÈNE
Mon cœur outré d'ennuis n'ose rien espérer.
Un orage si prompt qui trouble une bonace
450 D'un naufrage certain nous porte la menace :
Je n'en saurais douter, je péris dans le port.
J'aimais, j'étais aimée, et nos pères d'accord ;
Et je vous en contais la charmante nouvelle
Au malheureux moment que naissait leur querelle,
455 Dont le récit fatal, sitôt qu'on vous l'a fait,
D'une si douce attente a ruiné l'effet.
Maudite ambition, détestable manie,
Dont les plus généreux souffrent la tyrannie !

Honneur impitoyable à mes plus chers désirs,
460 Que tu me vas coûter de pleurs et de soupirs !

L'INFANTE

Tu n'as dans leur querelle aucun sujet de craindre :
Un moment l'a fait naître, un moment va l'éteindre.
Elle a fait trop de bruit pour ne pas s'accorder,
Puisque déjà le Roi les veut accommoder ;
465 Et tu sais que mon âme, à tes ennuis sensible,
Pour en tarir la source y fera l'impossible.

CHIMÈNE

Les accommodements ne font rien en ce point :
De si mortels affronts ne se réparent point.
En vain on fait agir la force ou la prudence.
470 Si l'on guérit le mal, ce n'est qu'en apparence.
La haine que les cœurs conservent au dedans
Nourrit des feux cachés, mais d'autant plus ardents.

L'INFANTE

Le saint nœud qui joindra don Rodrigue et Chimène
Des pères ennemis dissipera la haine ;
475 Et nous verrons bientôt votre amour le plus fort
Par un heureux hymen étouffer ce discord.

CHIMÈNE

Je le souhaite ainsi plus que je ne l'espère :
Don Diègue est trop altier, et je connais mon père.
Je sens couler des pleurs que je veux retenir ;
480 Le passé me tourmente, et je crains l'avenir.

L'INFANTE

Que crains-tu ? d'un vieillard l'impuissante faiblesse ?

CHIMÈNE

Rodrigue a du courage.

L'INFANTE

                    Il a trop de jeunesse.

CHIMÈNE

Les hommes valeureux le sont du premier coup.

L'INFANTE

Tu ne dois pas pourtant le redouter beaucoup :
485 Il est trop amoureux pour te vouloir déplaire,
Et deux mots de ta bouche arrêtent sa colère.

CHIMÈNE

S'il ne m'obéit point, quel comble à mon ennui !
Et s'il peut m'obéir, que dira-t-on de lui ?
Étant né ce qu'il est, souffrir un tel outrage !
490 Soit qu'il cède ou résiste au feu qui me l'engage,
Mon esprit ne peut qu'être ou honteux ou confus,
De son trop de respect, ou d'un juste refus.

L'INFANTE

Chimène a l'âme haute, et quoique intéressée,
Elle ne peut souffrir une basse pensée ;
495 Mais si jusques au jour de l'accommodement
Je fais mon prisonnier de ce parfait amant,
Et que j'empêche ainsi l'effet de son courage,
Ton esprit amoureux n'aura-t-il point d'ombrage ?

CHIMÈNE

Ah ! Madame, en ce cas je n'ai plus de souci.

SCÈNE 4
l'Infante, Chimène, Léonor, le page.

L'INFANTE

500 Page, cherchez Rodrigue, et l'amenez ici.

LE PAGE

Le comte de Gormas et lui...

CHIMÈNE

Bon Dieu ! je tremble.

L'INFANTE

Parlez.

LE PAGE

De ce palais ils sont sortis ensemble.

CHIMÈNE

Seuls ?

LE PAGE

Seuls, et qui semblaient tout bas se quereller.

CHIMÈNE

Sans doute, ils sont aux mains il n'en faut plus parler.
505 Madame, pardonnez à cette promptitude.

SCÈNE 5
L'Infante, Léonor.

L'INFANTE

Hélas ! que dans l'esprit je sens d'inquiétude !
Je pleure ses malheurs, son amant me ravit ;
Mon repos m'abandonne, et ma flamme revit.
Ce qui va séparer Rodrigue de Chimène
510 Fait renaître à la fois mon espoir et ma peine ;
Et leur division, que je vois à regret,
Dans mon esprit charmé jette un plaisir secret.

LÉONOR

Cette haute vertu qui règne dans votre âme
Se rend-elle si tôt à cette lâche flamme ?

L'INFANTE

515 Ne la nomme point lâche, à présent que chez moi
Pompeuse et triomphante, elle me fait la loi :
Porte-lui du respect, puisqu'elle m'est si chère.
Ma vertu la combat, mais malgré moi j'espère ;
Et d'un si fol espoir mon cœur mal défendu
520 Vole après un amant que Chimène a perdu.

LÉONOR

Vous laissez choir ainsi ce glorieux courage,
Et la raison chez vous perd ainsi son usage ?

L'INFANTE

Ah ! qu'avec peu d'effet on entend la raison,
Quand le cœur est atteint d'un si charmant poison !
525 Et lorsque le malade aime sa maladie,
Qu'il a peine à souffrir que l'on y remédie !

LÉONOR

Votre espoir vous séduit, votre mal vous est doux ;
Mais enfin ce Rodrigue est indigne de vous.

L'INFANTE

Je ne le sais que trop ; mais si ma vertu cède,
530 Apprends comme l'amour flatte un cœur qu'il
                                              [possède.
Si Rodrigue une fois sort vainqueur du combat,
Si dessous sa valeur ce grand guerrier s'abat,
Je puis en faire cas, je puis l'aimer sans honte.
Que ne fera-t-il point, s'il peut vaincre le Comte ?
535 J'ose m'imaginer qu'à ses moindres exploits
Les royaumes entiers tomberont sous ses lois ;
Et mon amour flatteur déjà me persuade
Que je le vois assis au trône de Grenade,
Les Mores subjugués trembler en l'adorant,
540 L'Aragon recevoir ce nouveau conquérant,
Le Portugal se rendre, et ses nobles journées
Porter delà les mers ses hautes destinées,

Du sang des Africains arroser ses lauriers :
Enfin tout ce qu'on dit des plus fameux guerriers,
545 Je l'attends de Rodrigue après cette victoire,
Et fais de son amour un sujet de ma gloire.

LÉONOR

Mais, Madame, voyez où vous portez son bras,
Ensuite d'un combat qui peut-être n'est pas.

L'INFANTE

Rodrigue est offensé ; le Comte a fait l'outrage ;
550 Ils sont sortis ensemble : en faut-il davantage ?

LÉONOR

Eh bien ! ils se battront, puisque vous le voulez ;
Mais Rodrigue ira-t-il si loin que vous voulez ?

L'INFANTE

Que veux-tu ? je suis folle, et mon esprit s'égare :
Tu vois par là quels maux cet amour me prépare.
555 Viens dans mon cabinet consoler mes ennuis,
Et ne me quitte point dans le trouble où je suis.

SCÈNE 6
Don Fernand, Don Arias, Don Sanche.

DON FERNAND

Le Comte est donc si vain, et si peu raisonnable !
Ose-t-il croire encor son crime pardonnable ?

DON ARIAS

Je l'ai de votre part longtemps entretenu ;
560 J'ai fait mon pouvoir, Sire, et n'ai rien obtenu.

DON FERNAND

Justes Cieux ! ainsi donc un sujet téméraire
A si peu de respect et de soin de me plaire !

Il offense don Diègue, et méprise son roi !
Au milieu de ma cour il me donne la loi !
565 Qu'il soit brave guerrier, qu'il soit grand capitaine,
Je saurai bien rabattre une humeur si hautaine.
Fût-il la valeur même, et le dieu des combats,
Il verra ce que c'est que de n'obéir pas.
Quoi qu'ait pu mériter une telle insolence,
570 Je l'ai voulu d'abord traiter sans violence ;
Mais puisqu'il en abuse, allez dès aujourd'hui,
Soit qu'il résiste ou non, vous assurer de lui.

DON SANCHE

Peut-être un peu de temps le rendrait moins rebelle :
On l'a pris tout bouillant encor de sa querelle ;
575 Sire, dans la chaleur d'un premier mouvement,
Un cœur si généreux se rend malaisément.
Il voit bien qu'il a tort, mais une âme si haute
N'est pas sitôt réduite à confesser sa faute.

DON FERNAND

Don Sanche, taisez-vous, et soyez averti
580 Qu'on se rend criminel à prendre son parti.

DON SANCHE

J'obéis, et me tais ; mais de grâce encor, Sire,
Deux mots en sa défense.

DON FERNAND

                          Et que pourrez-vous dire ?

DON SANCHE

Qu'une âme accoutumée aux grandes actions
Ne se peut abaisser à des submissions :
585 Elle n'en conçoit point qui s'expliquent sans honte ;
Et c'est à ce mot seul qu'a résisté le Comte.
Il trouve en son devoir un peu trop de rigueur,
Et vous obéirait, s'il avait moins de cœur.
Commandez que son bras, nourri dans les alarmes,
590 Répare cette injure à la pointe des armes ;

Il satisfera, Sire ; et vienne qui voudra,
Attendant qu'il l'ait su, voici qui répondra.

DON FERNAND

Vous perdez le respect ; mais je pardonne à l'âge,
Et j'excuse l'ardeur en un jeune courage.
595 Un roi dont la prudence a de meilleurs objets
Est meilleur ménager du sang de ses sujets :
Je veille pour les miens, mes soucis les conservent,
Comme le chef a soin des membres qui le servent.
Ainsi votre raison n'est pas raison pour moi :
600 Vous parlez en soldat ; je dois agir en roi ;
Et quoi qu'on veuille dire, et quoi qu'il ose croire,
Le Comte à m'obéir ne peut perdre sa gloire.
D'ailleurs l'affront me touche : il a perdu d'honneur
Celui que de mon fils j'ai fait le gouverneur ;
605 S'attaquer à mon choix, c'est se prendre à moi-même
Et faire un attentat sur le pouvoir suprême.
N'en parlons plus. Au reste, on a vu dix vaisseaux
De nos vieux ennemis arborer les drapeaux ;
Vers la bouche du fleuve ils ont osé paraître.

DON ARIAS

610 Les Mores ont appris par force à vous connaître,
Et tant de fois vaincus, ils ont perdu le cœur
De se plus hasarder contre un si grand vainqueur.

DON FERNAND

Ils ne verront jamais sans quelque jalousie
Mon sceptre, en dépit d'eux, régir l'Andalousie ;
615 Et ce pays si beau, qu'ils ont trop possédé,
Avec un œil d'envie est toujours regardé.
C'est l'unique raison qui m'a fait dans Séville
Placer depuis dix ans le trône de Castille,
Pour les voir de plus près, et d'un ordre plus prompt
620 Renverser aussitôt ce qu'ils entreprendront.

DON ARIAS

Ils savent aux dépens de leurs plus dignes têtes,

Combien votre présence assure vos conquêtes :
Vous n'avez rien à craindre.

DON FERNAND

              Et rien à négliger :
Le trop de confiance attire le danger ;
625 Et vous n'ignorez pas qu'avec fort peu de peine
Un flux de pleine mer jusqu'ici les amène.
Toutefois j'aurais tort de jeter dans les cœurs,
L'avis étant mal sûr, de paniques terreurs.
L'effroi que produirait cette alarme inutile,
630 Dans la nuit qui survient troublerait trop la ville :
Faites doubler la garde aux murs et sur le port.
C'est assez pour ce soir.

SCÈNE 7
Don Fernand, Don Sanche, Don Alonse.

DON ALONSE

              Sire, le Comte est mort :
Don Diègue, par son fils, a vengé son offense.

DON FERNAND

Dès que j'ai su l'affront, j'ai prévu la vengeance ;
635 Et j'ai voulu dès lors prévenir ce malheur.

DON ALONSE

Chimène à vos genoux apporte sa douleur ;
Elle vient tout en pleurs vous demander justice.

DON FERNAND

Bien qu'à ses déplaisirs mon âme compatisse,
Ce que le Comte a fait semble avoir mérité
640 Ce digne châtiment de sa témérité.
Quelque juste pourtant que puisse être sa peine,
Je ne puis sans regret perdre un tel capitaine.

Après un long service à mon État rendu,
Après son sang pour moi mille fois répandu,
645 À quelques sentiments que son orgueil m'oblige,
Sa perte m'affaiblit, et son trépas m'afflige.

SCÈNE 8
Don Fernand, Don Diègue, Chimène, Don Sanche,
Don Arias, Don Alonse.

CHIMÈNE

Sire, Sire, justice !

DON DIÈGUE

Ah ! Sire, écoutez-nous.

CHIMÈNE

Je me jette à vos pieds.

DON DIÈGUE

J'embrasse vos genoux.

CHIMÈNE

Je demande justice.

DON DIÈGUE

Entendez ma défense.

CHIMÈNE

650 D'un jeune audacieux punissez l'insolence :
Il a de votre sceptre abattu le soutien,
Il a tué mon père.

DON DIÈGUE

Il a vengé le sien.

CHIMÈNE

Au sang de ses sujets un roi doit la justice.

DON DIÈGUE

Pour la juste vengeance il n'est point de supplice.

DON FERNAND

655 Levez-vous l'un et l'autre, et parlez à loisir.
Chimène, je prends part à votre déplaisir ;
D'une égale douleur je sens mon âme atteinte.
                 (À don Diègue.)
Vous parlerez après ; ne troublez pas sa plainte.

CHIMÈNE

Sire, mon père est mort ; mes yeux ont vu son sang
660 Couler à gros bouillons de son généreux flanc ;
Ce sang qui tant de fois garantit vos murailles,
Ce sang qui tant de fois vous gagna des batailles,
Ce sang qui tout sorti fume encor de courroux
De se voir répandu pour d'autres que pour vous,
665 Qu'au milieu des hasards n'osait verser la guerre,
Rodrigue en votre cour vient d'en couvrir la terre.
J'ai couru sur le lieu, sans force et sans couleur :
Je l'ai trouvé sans vie. Excusez ma douleur.
Sire, la voix me manque à ce récit funeste ;
670 Mes pleurs et mes soupirs vous diront mieux le reste.

DON FERNAND

Prends courage, ma fille, et sache qu'aujourd'hui
Ton roi te veut servir de père au lieu de lui.

CHIMÈNE

Sire, de trop d'honneur ma misère est suivie.
Je vous l'ai déjà dit, je l'ai trouvé sans vie ;
675 Son flanc était ouvert ; et, pour mieux m'émouvoir,
Son sang sur la poussière écrivait mon devoir ;
Ou plutôt sa valeur en cet état réduite
Me parlait par sa plaie, et hâtait ma poursuite ;

Et, pour se faire entendre au plus juste des rois,
680 Par cete triste bouche elle empruntait ma voix.
     Sire, ne souffrez pas que sous votre puissance
Règne devant vos yeux une telle licence ;
Que les plus valeureux, avec impunité,
Soient exposés aux coups de la témérité ;
685 Qu'un jeune audacieux triomphe de leur gloire,
Se baigne dans leur sang, et brave leur mémoire.
Un si vaillant guerrier qu'on vient de vous ravir
Éteint, s'il n'est vengé, l'ardeur de vous servir.
Enfin mon père est mort, j'en demande vengeance,
690 Plus pour votre intérêt que pour mon allégeance.
Vous perdez en la mort d'un homme de son rang :
Vengez-la par une autre, et le sang par le sang.
Immolez, non à moi, mais à votre couronne,
Mais à votre grandeur, mais à votre personne ;
695 Immolez, dis-je, Sire, au bien de tout l'État
Tout ce qu'enorgueillit un si haut attentat.

DON FERNAND

Don Diègue, répondez.

DON DIÈGUE

                    Qu'on est digne d'envie
Lorsqu'en perdant la force on perd aussi la vie,
Et qu'un long âge apprête aux hommes généreux,
700 Au bout de leur carrière, un destin malheureux !
Moi, dont les longs travaux ont acquis tant de gloire,
Moi, que jadis partout a suivi la victoire,
Je me vois aujourd'hui, pour avoir trop vécu,
Recevoir un affront et demeurer vaincu.
705 Ce que n'a pu jamais combat, siège, embuscade,
Ce que n'a pu jamais Aragon ni Grenade,
Ni tous vos ennemis, ni tous mes envieux,
Le Comte en votre cour l'a fait presque à vos yeux,
Jaloux de votre choix, et fier de l'avantage
710 Que lui donnait sur moi l'impuissance de l'âge.
Sire, ainsi ces cheveux blanchis sous le harnois,
Ce sang pour vous servir prodigué tant de fois,

Ce bras, jadis d'effroi d'une armée ennemie,
Descendaient au tombeau tout chargés d'infamie,
715 Si je n'eusse produit un fils digne de moi,
Digne de son pays et digne de son roi.
Il m'a prêté sa main, il a tué le Comte ;
Il m'a rendu l'honneur, il a lavé ma honte.
Si montrer du courage et du ressentiment,
720 Si venger un soufflet mérite un châtiment,
Sur moi seul doit tomber l'éclat de la tempête :
Quand le bras a failli, l'on en punit la tête.
Qu'on nomme crime, ou non, ce qui fait nos débats,
Sire, j'en suis la tête, il n'en est que le bras.
725 Si Chimène se plaint qu'il a tué son père,
Il ne l'eût jamais fait si je l'eusse pu faire.
Immolez donc ce chef que les ans vont ravir,
Et conservez pour vous le bras qui peut servir.
Aux dépens de mon sang satisfaites Chimène :
730 Je n'y résiste point, je consens à ma peine ;
Et loin de murmurer d'un rigoureux décret,
Mourant sans déshonneur, je mourrai sans regret.

DON FERNAND

L'affaire est d'importance, et, bien considérée,
Mérite en plein conseil d'être délibérée.
735   Don Sanche, remettez Chimène en sa maison.
Don Diègue aura ma cour et sa foi pour prison.
Qu'on me cherche son fils. Je vous ferai justice.

CHIMÈNE

Il est juste, grand Roi, qu'un meurtrier périsse.

DON FERNAND

Prends du repos, ma fille, et calme tes douleurs.

CHIMÈNE

740 M'ordonner du repos, c'est croître mes malheurs.

ACTE III

SCÈNE 1
Don Rodrigue, Elvire.

ELVIRE

Rodrigue, qu'as-tu fait ? où viens-tu, misérable ?

DON RODRIGUE

Suivre le triste cours de mon sort déplorable.

ELVIRE

Où prends-tu cette audace et ce nouvel orgueil,
De paraître en des lieux que tu remplis de deuil ?
745 Quoi ? viens-tu jusqu'ici braver l'ombre du Comte ?
Ne l'as-tu pas tué ?

DON RODRIGUE

Sa vie était ma honte :
Mon honneur de ma main a voulu cet effort.

ELVIRE

Mais chercher ton asile en la maison du mort !
Jamais un meurtrier en fit-il son refuge ?

DON RODRIGUE

750 Et je n'y viens aussi que m'offrir à mon juge.
Ne me regarde plus d'un visage étonné ;
Je cherche le trépas après l'avoir donné.
Mon juge est mon amour, mon juge est ma Chimène :
Je mérite la mort de mériter sa haine,

755 Et j'en viens recevoir, comme un bien souverain,
    Et l'arrêt de sa bouche, et le coup de sa main.

ELVIRE

Fuis plutôt de ses yeux, fuis de sa violence ;
À ses premiers transports dérobe ta présence :
Va, ne t'expose point aux premiers mouvements
760 Que poussera l'ardeur de ses ressentiments.

DON RODRIGUE

Non, non, ce cher objet à qui j'ai pu déplaire
Ne peut pour mon supplice avoir trop de colère ;
Et j'évite cent morts qui me vont accabler,
Si pour mourir plus tôt je puis la redoubler.

ELVIRE

765 Chimène est au palais, de pleurs toute baignée,
Et n'en reviendra point que bien accompagnée.
Rodrigue, fuis, de grâce : ôte-moi de souci.
Que ne dira-t-on point si l'on te voit ici ?
Veux-tu qu'un médisant, pour comble à sa misère,
770 L'accuse d'y souffrir l'assassin de son père ?
Elle va revenir ; elle vient, je la voi :
Du moins, pour son honneur, Rodrigue, cache-toi.

SCÈNE 2
Don Sanche, Chimène, Elvire.

DON SANCHE

Oui, Madame, il vous faut de sanglantes victimes :
Votre colère est juste, et vos pleurs légitimes ;
775 Et je n'entreprends pas, à force de parler,
Ni de vous adoucir, ni de vous consoler.
Mais si de vous servir je puis être capable,
Employez mon épée à punir le coupable ;

Employez mon amour à venger cette mort :
780 Sous vos commandements mon bras sera trop fort.

CHIMÈNE

Malheureuse !

DON SANCHE

De grâce, acceptez mon service.

CHIMÈNE

J'offenserais le Roi, qui m'a promis justice.

DON SANCHE

Vous savez qu'elle marche avec tant de langueur,
Qu'assez souvent le crime échappe à sa longueur ;
785 Son cours lent et douteux fait trop perdre de larmes.
Souffrez qu'un cavalier vous venge par les armes :
La voie en est plus sûre, et plus prompte à punir.

CHIMÈNE

C'est le dernier remède ; et s'il faut y venir,
Et que de mes malheurs cette pitié vous dure,
790 Vous serez libre alors de venger mon injure.

DON SANCHE

C'est l'unique bonheur où mon âme prétend ;
Et, pouvant l'espérer, je m'en vais trop content.

SCÈNE 3
Chimène, Elvire.

CHIMÈNE

Enfin je me vois libre, et je puis sans contrainte
De mes vives douleurs te faire voir l'atteinte ;
795 Je puis donner passage à mes tristes soupirs ;
Je puis t'ouvrir mon âme et tous mes déplaisirs.

    Mon père est mort, Elvire ; et la première épée
Dont s'est armé Rodrigue, a sa trame coupée.
Pleurez, pleurez, mes yeux, et fondez-vous en eau !
800 La moitié de ma vie a mis l'autre au tombeau,
Et m'oblige à venger, après ce coup funeste,
Celle que je n'ai plus sur celle qui me reste.

ELVIRE

Reposez-vous, Madame.

CHIMÈNE

        Ah ! que mal à propos
Dans un malheur si grand tu parles de repos !
805 Par où sera jamais ma douleur apaisée,
Si je ne puis haïr la main qui l'a causée ?
Et que dois-je espérer qu'un tourment éternel,
Si je poursuis un crime, aimant le criminel ?

ELVIRE

Il vous prive d'un père, et vous l'aimez encore !

CHIMÈNE

810 C'est peu de dire aimer, Elvire : je l'adore ;
Ma passion s'oppose à mon ressentiment ;
Dedans mon ennemi je trouve mon amant ;
Et je sens qu'en dépit de toute ma colère,
Rodrigue dans mon cœur combat encor mon père :
815 Il l'attaque, il le presse, il cède, il se défend,
Tantôt fort, tantôt faible, et tantôt triomphant ;
Mais, en ce dur combat de colère et de flamme,
Il déchire mon cœur sans partager mon âme,
Et quoi que mon amour ait sur moi de pouvoir,
820 Je ne consulte point pour suivre mon devoir :
Je cours sans balancer où mon honneur m'oblige.
Rodrigue m'est bien cher, son intérêt m'afflige ;
Mon cœur prend son parti ; mais, malgré son effort,
Je sais ce que je suis, et que mon père est mort.

ELVIRE

825 Pensez-vous le poursuivre ?

CHIMÈNE

                    Ah ! cruelle pensée !
Et cruelle poursuite où je me vois forcée !
Je demande sa tête, et crains de l'obtenir :
Ma mort suivra la sienne, et je le veux punir !

ELVIRE

Quittez, quittez, Madame, un dessein si tragique ;
830 Ne vous imposez point de loi si tyrannique.

CHIMÈNE

Quoi ! mon père étant mort, et presque entre mes bras,
Son sang criera vengeance, et je ne l'orrai pas !
Mon cœur, honteusement surpris par d'autres
                                        [charmes,
Croira ne lui devoir que d'impuissantes larmes !
835 Et je pourrai souffrir qu'un amour suborneur
Sous un lâche silence étouffe mon honneur !

ELVIRE

Madame, croyez-moi, vous serez excusable
D'avoir moins de chaleur contre un objet aimable,
Contre un amant si cher : vous avez assez fait,
840 Vous avez vu le Roi ; n'en pressez point l'effet,
Ne vous obstinez point en cette humeur étrange.

CHIMÈNE

Il y va de ma gloire, il faut que je me venge ;
Et de quoi que nous flatte un désir amoureux,
Toute excuse est honteuse aux esprits généreux.

ELVIRE

845 Mais vous aimez Rodrigue, il ne vous peut déplaire.

CHIMÈNE

Je l'avoue.

ELVIRE

Après tout, que pensez-vous donc faire ?

CHIMÈNE

Pour conserver ma gloire et finir mon ennui,
Le poursuivre, le perdre, et mourir après lui.

SCÈNE 4
Don Rodrigue, Chimène, Elvire.

DON RODRIGUE

Eh bien ! sans vous donner la peine de poursuivre,
850 Assurez-vous l'honneur de m'empêcher de vivre.

CHIMÈNE

Elvire, où sommes-nous, et qu'est-ce que je voi ?
Rodrigue en ma maison ! Rodrigue devant moi !

DON RODRIGUE

N'épargnez point mon sang : goûtez sans résistance
La douceur de ma perte et de votre vengeance.

CHIMÈNE

855 Hélas !

DON RODRIGUE

Écoute-moi.

CHIMÈNE
Je me meurs.

DON RODRIGUE
Un moment.

●◆ Voir Au fil du texte, p. X.

CHIMÈNE

Va, laisse-moi mourir.

DON RODRIGUE

                    Quatre mots seulement :
Après, ne me réponds qu'avecque cette épée.

CHIMÈNE

Quoi ! du sang de mon père encor toute trempée !

DON RODRIGUE

Ma Chimène...

CHIMÈNE

                    Ôte-moi cet objet odieux,
860 Qui reproche ton crime et ta vie à mes yeux.

DON RODRIGUE

Regarde-le plutôt pour exciter ta haine,
Pour croître ta colère et pour hâter ma peine.

CHIMÈNE

Il est teint de mon sang.

DON RODRIGUE

                    Plonge-le dans le mien,
Et fais-lui perdre ainsi la teinture du tien.

CHIMÈNE

865 Ah ! quelle cruauté, qui tout en un jour tue
Le père par le fer, la fille par la vue !
Ôte-moi cet objet, je ne le puis souffrir :
Tu veux que je t'écoute, et tu me fais mourir !

DON RODRIGUE

Je fais ce que tu veux, mais sans quitter l'envie
870 De finir par tes mains ma déplorable vie ;
Car enfin n'attends pas de mon affection
Un lâche repentir d'une bonne action.

L'irréparable effet d'une chaleur trop prompte
Déshonorait mon père, et me couvrait de honte.
875 Tu sais comme un soufflet touche un homme de cœur ;
J'avais part à l'affront, j'en ai cherché l'auteur :
Je l'ai vu, j'ai vengé mon honneur et mon père ;
Je le ferais encor, si j'avais à le faire.
Ce n'est pas qu'en effet contre mon père et moi
880 Ma flamme assez longtemps n'ait combattu pour toi ;
Juge de son pouvoir : dans une telle offense
J'ai pu délibérer si j'en prendrais vengeance.
Réduit à te déplaire, ou souffrir un affront,
J'ai pensé qu'à son tour mon bras était trop prompt ;
885 Je me suis accusé de trop de violence ;
Et ta beauté sans doute emportait la balance,
À moins que d'opposer à tes plus forts appas
Qu'un homme sans honneur ne te méritait pas ;
Que, malgré cette part que j'avais en ton âme,
890 Qui m'aima généreux me haïrait infâme ;
Qu'écouter ton amour, obéir à sa voix,
C'était m'en rendre indigne et diffamer ton choix.
Je te le dis encore ; et quoique j'en soupire,
Jusqu'au dernier soupir je veux bien le redire :
895 Je t'ai fait une offense, et j'ai dû m'y porter
Pour effacer ma honte, et pour te mériter ;
Mais quitte envers l'honneur, et quitte envers mon père,
C'est maintenant à toi que je viens satisfaire :
C'est pour t'offrir mon sang qu'en ce lieu tu me vois.
900 J'ai fait ce que j'ai dû, je fais ce que je dois.
Je sais qu'un père mort t'arme contre mon crime ;
Je ne t'ai pas voulu dérober ta victime :
Immole avec courage au sang qu'il a perdu
Celui qui met sa gloire à l'avoir répandu.

CHIMÈNE

905 Ah ! Rodrigue, il est vrai, quoique ton ennemie,
Je ne puis te blâmer d'avoir fui l'infamie ;
Et de quelque façon qu'éclatent mes douleurs,
Je ne t'accuse point, je pleure mes malheurs.
Je sais ce que l'honneur, après un tel outrage,

910 Demandait à l'ardeur d'un généreux courage :
Tu n'as fait le devoir que d'un homme de bien ;
Mais aussi, le faisant, tu m'as appris le mien.
Ta funeste valeur m'instruit par ta victoire ;
Elle a vengé ton père et soutenu ta gloire :
915 Même soin me regarde, et j'ai, pour m'affliger,
Ma gloire à soutenir, et mon père à venger.
Hélas ! ton intérêt ici me désespère :
Si quelque autre malheur m'avait ravi mon père,
Mon âme aurait trouvé dans le bien de te voir
920 L'unique allégement qu'elle eût pu recevoir ;
Et contre ma douleur j'aurais senti des charmes,
Quand une main si chère eût essuyé mes larmes.
Mais il me faut te perdre après l'avoir perdu ;
Cet effort sur ma flamme à mon honneur est dû ;
925 Et cet affreux devoir, dont l'ordre m'assassine,
Me force à travailler moi-même à ta ruine.
Car enfin n'attends pas de mon affection
De lâches sentiments pour ta punition.
De quoi qu'en ta faveur notre amour m'entretienne,
930 Ma générosité doit répondre à la tienne :
Tu t'es, en m'offensant, montré digne de moi ;
Je me dois, par ta mort, montrer digne de toi.

DON RODRIGUE

Ne diffère donc plus ce que l'honneur t'ordonne :
Il demande ma tête, et je te l'abandonne ;
935 Fais-en un sacrifice à ce noble intérêt :
Le coup m'en sera doux, aussi bien que l'arrêt.
Attendre après mon crime une lente justice,
C'est reculer ta gloire autant que mon supplice.
Je mourrai trop heureux, mourant d'un coup si beau.

CHIMÈNE

940 Va, je suis ta partie, et non pas ton bourreau.
Si tu m'offres ta tête, est-ce à moi de la prendre ?
Je la dois attaquer, mais tu dois la défendre ;
C'est d'un autre que toi qu'il me faut l'obtenir,
Et je dois te poursuivre, et non pas te punir.

DON RODRIGUE

945 De quoi qu'en ma faveur notre amour t'entretienne,
Ta générosité doit répondre à la mienne ;
Et pour venger un père emprunter d'autres bras,
Ma Chimène, crois-moi, c'est n'y répondre pas :
Ma main seule du mien a su venger l'offense,
950 Ta main seule du tien doit prendre la vengeance.

CHIMÈNE

Cruel ! à quel propos sur ce point t'obstiner ?
Tu t'es vengé sans aide, et tu m'en veux donner !
Je suivrai ton exemple, et j'ai trop de courage
Pour souffrir qu'avec toi ma gloire se partage.
955 Mon père et mon honneur ne veulent rien devoir
Aux traits de ton amour ni de ton désespoir.

DON RODRIGUE

Rigoureux point d'honneur ! hélas ! quoi que je fasse,
Ne pourrai-je à la fin obtenir cette grâce ?
Au nom d'un père mort, ou de notre amitié,
960 Punis-moi par vengeance, ou du moins par pitié.
Ton malheureux amant aura bien moins de peine
À mourir par ta main qu'à vivre avec ta haine.

CHIMÈNE

Va, je ne te hais point.

DON RODRIGUE

Tu le dois.

CHIMÈNE

Je ne puis.

DON RODRIGUE

Crains-tu si peu le blâme, et si peu les faux bruits ?
965 Quand on saura mon crime, et que ta flamme dure,
Que ne publieront point l'envie et l'imposture !
Force-les au silence, et sans plus discourir,
Sauve ta renommée en me faisant mourir.

CHIMÈNE

Elle éclate bien mieux en te laissant la vie ;
970 Et je veux que la voix de la plus noire envie
Élève au ciel ma gloire et plaigne mes ennuis,
Sachant que je t'adore et que je te poursuis.
Va-t'en, ne montre plus à ma douleur extrême
Ce qu'il faut que je perde, encore que je l'aime.
975 Dans l'ombre de la nuit cache bien ton départ :
Si l'on te voit sortir, mon honneur court hasard.
La seule occasion qu'aura la médisance,
C'est de savoir qu'ici j'ai souffert ta présence :
Ne lui donne point lieu d'attaquer ma vertu.

DON RODRIGUE

980 Que je meure !

CHIMÈNE

Va-t'en.

DON RODRIGUE

À quoi te résous-tu ?

CHIMÈNE

Malgré des feux si beaux, qui troublent ma colère,
Je ferai mon possible à bien venger mon père ;
Mais malgré la rigueur d'un si cruel devoir,
Mon unique souhait est de ne rien pouvoir.

DON RODRIGUE

985 Ô miracle d'amour !

CHIMÈNE

Ô comble de misères !

DON RODRIGUE

Que de maux et de pleurs nous coûteront nos pères !

CHIMÈNE

Rodrigue, qui l'eût cru ?

DON RODRIGUE

Chimène, qui l'eût dit ?

CHIMÈNE

Que notre heur fût si proche et sitôt se perdît ?

DON RODRIGUE

Et que si près du port, contre toute apparence,
990 Un orage si prompt brisât notre espérance ?

CHIMÈNE

Ah ! mortelles douleurs !

DON RODRIGUE

Ah ! regrets superflus !

CHIMÈNE

Va-t'en, encore un coup, je ne t'écoute plus.

DON RODRIGUE

Adieu : je vais traîner une mourante vie,
Tant que par ta poursuite elle me soit ravie.

CHIMÈNE

995 Si j'en obtiens l'effet, je t'engage ma foi
De ne respirer pas un moment après toi.
Adieu : sors, et surtout garde bien qu'on te voie.

ELVIRE

Madame, quelques maux que le Ciel nous envoie...

CHIMÈNE

Ne m'importune plus, laisse-moi soupirer,
1000 Je cherche le silence et la nuit pour pleurer.

SCÈNE 5

DON DIÈGUE

Jamais nous ne goûtons de parfaite allégresse :
Nos plus heureux succès sont mêlés de tristesse ;
Toujours quelques soucis en ces événements
Troublent la pureté de nos contentements.
1005 Au milieu du bonheur mon âme en sent l'atteinte :
Je nage dans la joie, et je tremble de crainte.
J'ai vu mort l'ennemi qui m'avait outragé,
Et je ne saurais voir la main qui m'a vengé.
En vain je m'y travaille, et d'un soin inutile,
1010 Tout cassé que je suis, je cours toute la ville :
Ce peu que mes vieux ans m'ont laissé de vigueur
Se consume sans fruit à chercher ce vainqueur.
À toute heure, en tous lieux, dans une nuit si sombre,
Je pense l'embrasser, et n'embrasse qu'une ombre ;
1015 Et mon amour, déçu par cet objet trompeur,
Se forme des soupçons qui redoublent ma peur.
Je ne découvre point de marques de sa fuite ;
Je crains du Comte mort les amis et la suite ;
Leur nombre m'épouvante, et confond ma raison.
1020 Rodrigue ne vit plus, ou respire en prison.
Justes Cieux ! me trompé-je encore à l'apparence,
Ou si je vois enfin mon unique espérance ?
C'est lui, n'en doutons plus ; mes vœux sont exaucés,
Ma crainte est dissipée, et mes ennuis cessés.

SCÈNE 6
Don Diègue, Don Rodrigue.

DON DIÈGUE

1025 Rodrigue, enfin le Ciel permet que je te voie !

DON RODRIGUE

Hélas !

DON DIÈGUE

    Ne mêle point de soupirs à ma joie ;
Laisse-moi prendre haleine afin de te louer.
Ma valeur n'a point lieu de te désavouer :
Tu l'as bien imitée, et ton illustre audace
1030 Fait bien revivre en toi les héros de ma race :
C'est d'eux que tu descends, c'est de moi que tu viens.
Ton premier coup d'épée égale tous les miens ;
Et d'une belle ardeur ta jeunesse animée
Par cette grande épreuve atteint ma renommée.
1035 Appui de ma vieillesse, et comble de mon heur,
Touche ces cheveux blancs à qui tu rends l'honneur,
Viens baiser cette joue, et reconnais la place
Où fut empreint l'affront que ton courage efface.

DON RODRIGUE

L'honneur vous en est dû : je ne pouvais pas moins,
1040 Étant sorti de vous et nourri par vos soins.
Je m'en tiens trop heureux, et mon âme est ravie
Que mon coup d'essai plaise à qui je dois la vie ;
Mais parmi vos plaisirs ne soyez point jaloux
Si je m'ose à mon tour satisfaire après vous.
1045 Souffrez qu'en liberté mon désespoir éclate ;
Assez et trop longtemps votre discours le flatte.
Je ne me repens point de vous avoir servi ;
Mais rendez-moi le bien que ce coup m'a ravi.

Mon bras, pour vous venger, armé contre ma flamme,
1050 Par ce coup glorieux m'a privé de mon âme ;
Ne me dites plus rien ; pour vous j'ai tout perdu :
Ce que je vous devais, je vous l'ai bien rendu.

DON DIÈGUE

Porte, porte plus haut le fruit de ta victoire :
Je t'ai donné la vie, et tu me rends ma gloire ;
1055 Et d'autant que l'honneur m'est plus cher que le jour,
D'autant plus maintenant je te dois de retour.
Mais d'un cœur magnanime éloigne ces faiblesses ;
Nous n'avons qu'un honneur, il est tant de maîtresses !
L'amour n'est qu'un plaisir, l'honneur est un devoir.

DON RODRIGUE

1060 Ah ! que me dites-vous ?

DON DIÈGUE

                    Ce que tu dois savoir.

DON RODRIGUE

Mon honneur offensé sur moi-même se venge ;
Et vous m'osez pousser à la honte du change !
L'infamie est pareille, et suit également
Le guerrier sans courage et le perfide amant.
1065 À ma fidélité ne faites point d'injure ;
Souffrez-moi généreux sans me rendre parjure :
Mes liens sont trop forts pour être ainsi rompus ;
Ma foi m'engage encor si je n'espère plus ;
Et ne pouvant quitter ni posséder Chimène,
1070 Le trépas que je cherche est ma plus douce peine.

DON DIÈGUE

Il n'est pas temps encor de chercher le trépas :
Ton prince et ton pays ont besoin de ton bras,
La flotte qu'on craignait, dans ce grand fleuve entrée,
Croit surprendre la ville et piller la contrée.
1075 Les Mores vont descendre, et le flux et la nuit
Dans une heure à nos murs les amène sans bruit.

La cour est en désordre, et le peuple en alarmes :
On n'entend que des cris, on ne voit que des larmes.
Dans ce malheur public mon bonheur a permis
1080 Que j'ai trouvé chez moi cinq cents de mes amis,
Qui sachant mon affront, poussés d'un même zèle,
Se venaient tous offrir à venger ma querelle.
Tu les as prévenus ; mais leurs vaillantes mains
Se tremperont bien mieux au sang des Africains.
1085   Va marcher à leur tête où l'honneur te demande :
C'est toi que veut pour chef leur généreuse bande.
De ces vieux ennemis va soutenir l'abord.
Là, si tu veux mourir, trouve une belle mort ;
Prends-en l'occasion, puisqu'elle t'est offerte ;
1090 Fais devoir à ton Roi son salut à ta perte ;
Mais reviens-en plutôt les palmes sur le front.
Ne borne pas ta gloire à venger un affront ;
Porte-la plus avant : force par ta vaillance
Ce monarque au pardon, et Chimène au silence ;
1095 Si tu l'aimes, apprends que revenir vainqueur,
C'est l'unique moyen de regagner son cœur.
Mais le temps est trop cher pour le perdre en paroles ;
Je t'arrête en discours, et je veux que tu voles.
Viens, suis-moi, va combattre, et montrer à ton Roi
1110 Que ce qu'il perd au Comte il le recouvre en toi.

ACTE IV

SCÈNE 1
Chimène, Elvire.

CHIMÈNE

Nest-ce point un faux bruit ? le sais-tu bien, Elvire ?

ELVIRE

Vous ne croiriez jamais comme chacun l'admire,
Et porte jusqu'au ciel, d'une commune voix,
De ce jeune héros les glorieux exploits.
1105 Les Mores devant lui n'ont paru qu'à leur honte ;
Leur abord fut bien prompt, leur fuite encor plus
                                        [prompte.
Trois heures de combat laissent à nos guerriers
Une victoire entière et deux rois prisonniers.
La valeur de leur chef ne trouvait point d'obstacles.

CHIMÈNE

1110 Et la main de Rodrigue a fait tous ces miracles ?

ELVIRE

De ses nobles efforts ces deux rois sont le prix :
Sa main les a vaincus, et sa main les a pris.

CHIMÈNE

De qui peux-tu savoir ces nouvelles étranges ?

ELVIRE

Du peuple, qui partout fait sonner ses louanges,
1115 Le nomme de sa joie et l'objet et l'auteur,
Son ange tutélaire, et son libérateur.

CHIMÈNE

Et le Roi, de quel œil voit-il tant de vaillance ?

ELVIRE

Rodrigue n'ose encor paraître en sa présence ;
Mais don Diègue ravi lui présente enchaînés,
1120 Au nom de ce vainqueur, ces captifs couronnés,
Et demande pour grâce à ce généreux prince
Qu'il daigne voir la main qui sauve la province.

CHIMÈNE

Mais n'est-il point blessé ?

ELVIRE

Je n'en ai rien appris.
Vous changez de couleur ! reprenez vos esprits.

CHIMÈNE

1125 Reprenons donc aussi ma colère affaiblie :
Pour avoir soin de lui faut-il que je m'oublie ?
On le vante, on le loue, et mon cœur y consent !
Mon honneur est muet, mon devoir impuissant !
Silence, mon amour, laisse agir ma colère :
1130 S'il a vaincu deux rois, il a tué mon père ;
Ces tristes vêtements, où je lis mon malheur,
Sont les premiers effets qu'ait produits sa valeur ;
Et quoi qu'on die ailleurs d'un cœur si magnanime,
Ici tous les objets me parlent de son crime.
1135   Vous qui rendez la force à mes ressentiments,
Voile, crêpes, habits, lugubres ornements,
Pompe que me prescrit sa première victoire,
Contre ma passion soutenez bien ma gloire ;
Et lorsque mon amour prendra trop de pouvoir,
1140 Parlez à mon esprit de mon triste devoir,
Attaquez sans rien craindre une main triomphante.

ELVIRE

Modérez ces transports, voici venir l'Infante.

SCÈNE 2
L'Infante, Chimène, Léonor, Elvire.

L'INFANTE

Je ne viens pas ici consoler tes douleurs ;
Je viens plutôt mêler mes soupirs à tes pleurs.

CHIMÈNE

1145 Prenez bien plutôt part à la commune joie,
Et goûtez le bonheur que le Ciel vous envoie,
Madame : autre que moi n'a droit de soupirer.
Le péril dont Rodrigue a su nous retirer,
Et le salut public que vous rendent ses armes,
1150 À moi seule aujourd'hui souffrent encor les larmes :
Il a sauvé la ville, il a servi son Roi ;
Et son bras valeureux n'est funeste qu'à moi.

L'INFANTE

Ma Chimène, il est vrai qu'il a fait des merveilles.

CHIMÈNE

Déjà ce bruit fâcheux a frappé mes oreilles ;
1155 Et je l'entends partout publier hautement
Aussi brave guerrier que malheureux amant.

L'INFANTE

Qu'a de fâcheux pour toi ce discours populaire ?
Ce jeune Mars qu'il loue a su jadis te plaire :
Il possédait ton âme, il vivait sous tes lois ;
1160 Et vanter sa valeur, c'est honorer ton choix.

CHIMÈNE

Chacun peut la vanter avec quelque justice ;
Mais pour moi sa louange est un nouveau supplice.
On aigrit ma douleur en l'élevant si haut :
Je vois ce que je perds quand je vois ce qu'il vaut.

1165 Ah ! cruels déplaisirs à l'esprit d'une amante !
Plus j'apprends son mérite, et plus mon feu
                                    [s'augmente :
Cependant mon devoir est toujours le plus fort,
Et malgré mon amour, va poursuivre sa mort.

L'INFANTE

Hier ce devoir te mit en une haute estime ;
1170 L'effort que tu te fis parut si magnanime,
Si digne d'un grand cœur, que chacun à la cour
Admirait ton courage et plaignait ton amour.
Mais croirais-tu l'avis d'une amitié fidèle ?

CHIMÈNE

Ne vous obéir pas me rendrait criminelle.

L'INFANTE

1175 Ce qui fut juste alors ne l'est plus aujourd'hui.
Rodrigue maintenant est notre unique appui,
L'espérance et l'amour d'un peuple qui l'adore,
Le soutien de Castille, et la terreur du More.
Le Roi même est d'accord de cette vérité,
1180 Que ton père en lui seul se voit ressuscité ;
Et si tu veux enfin qu'en deux mots je m'explique,
Tu poursuis en sa mort la ruine publique.
Quoi ! pour venger un père est-il jamais permis
De livrer sa patrie aux mains des ennemis ?
1185 Contre nous ta poursuite est-elle légitime,
Et pour être punis avons-nous part au crime ?
Ce n'est pas qu'après tout tu doives épouser
Celui qu'un père mort t'obligeait d'accuser :
Je te voudrais moi-même en arracher l'envie ;
1190 Ôte-lui ton amour, mais laisse-nous sa vie.

CHIMÈNE

Ah ! ce n'est pas à moi d'avoir tant de bonté ;
Le devoir qui m'aigrit n'a rien de limité.
Quoique pour ce vainqueur mon amour s'intéresse,
Quoiqu'un peuple l'adore et qu'un roi le caresse,

1195 Qu'il soit environné des plus vaillants guerriers,
     J'irai sous mes cyprès accabler ses lauriers.

L'INFANTE

     C'est générosité quand, pour venger un père,
     Notre devoir attaque une tête si chère ;
     Mais c'en est une encor d'un plus illustre rang,
1200 Quand on donne au public les intérêts du sang.
     Non, crois-moi, c'est assez que d'éteindre ta flamme ;
     Il sera trop puni s'il n'est plus dans ton âme.
     Que le bien du pays t'impose cette loi ;
     Aussi bien, que crois-tu que t'accorde le Roi ?

CHIMÈNE

1205 Il peut me refuser, mais je ne puis me taire.

L'INFANTE

     Pense bien, ma Chimène, à ce que tu veux faire.
     Adieu : tu pourras seule y penser à loisir.

CHIMÈNE

     Après mon père mort, je n'ai point à choisir.

SCÈNE 3
Don Fernand, Don Diègue, Don Arias, Don Rodrigue,
                Don Sanche.

DON FERNAND

     Généreux héritier d'une illustre famille,
1210 Qui fut toujours la gloire et l'appui de Castille,
     Race de tant d'aïeux en valeur signalés,
     Que l'essai de la tienne a sitôt égalés,
     Pour te récompenser ma force est trop petite ;
     Et j'ai moins de pouvoir que tu n'as de mérite.
1215 Le pays délivré d'un si rude ennemi,
     Mon sceptre dans ma main par la tienne affermi,

Voir *Au fil du texte*, p. XI.

Et les Mores défaits avant qu'en ces alarmes
J'eusse pu donner ordre à repousser leurs armes,
Ne sont point des exploits qui laissent à ton roi
1220 Le moyen ni l'espoir de s'acquitter vers toi.
Mais deux rois tes captifs feront ta récompense.
Ils t'ont nommé tous deux leur Cid en ma présence :
Puisque Cid en leur langue est autant que seigneur,
Je ne t'envierai pas ce beau titre d'honneur.
1225 Sois désormais le Cid : qu'à ce grand nom tout cède ;
Qu'il comble d'épouvante et Grenade et Tolède,
Et qu'il marque à tous ceux qui vivent sous mes lois
Et ce que tu me vaux, et ce que je te dois.

DON RODRIGUE

Que Votre Majesté, Sire, épargne ma honte :
1230 D'un si faible service elle fait trop de conte,
Et me force à rougir devant un si grand roi
De mériter si peu l'honneur que j'en reçoi.
Je sais trop que je dois au bien de votre empire,
Et le sang qui m'anime, et l'air que je respire ;
1235 Et quand je les perdrai pour un si digne objet,
Je ferai seulement le devoir d'un sujet.

DON FERNAND

Tous ceux que ce devoir à mon service engage
Ne s'en acquittent pas avec même courage ;
Et lorsque la valeur ne va point dans l'excès,
1240 Elle ne produit point de si rares succès.
Souffre donc qu'on te loue, et de cette victoire
Apprends-moi plus au long la véritable histoire.

DON RODRIGUE

Sire, vous avez su qu'en ce danger pressant,
Qui jeta dans la ville un effroi si puissant,
1245 Une troupe d'amis chez mon père assemblée
Sollicita mon âme encor toute troublée...
Mais, Sire, pardonnez à ma témérité,
Si j'osai l'employer sans votre autorité :

Le péril approchait ; leur brigade était prête ;
1250 Me montrant à la cour, je hasardais ma tête ;
Et s'il fallait la perdre, il m'était bien plus doux
De sortir de la vie en combattant pour vous.

DON FERNAND

J'excuse ta chaleur à venger ton offense ;
Et l'État défendu me parle en ta défense :
1255 Crois que dorénavant Chimène a beau parler,
Je ne l'écoute plus que pour la consoler.
Mais poursuis.

DON RODRIGUE

            Sous moi donc cette troupe s'avance,
Et porte sur le front une mâle assurance.
Nous partîmes cinq cents ; mais par un prompt renfort
1260 Nous nous vîmes trois mille en arrivant au port,
Tant, à nous voir marcher avec un tel visage,
Les plus épouvantés reprenaient de courage !
J'en cache les deux tiers, aussitôt qu'arrivés,
Dans le fond des vaisseaux qui lors furent trouvés ;
1265 Le reste, dont le nombre augmentait à toute heure,
Brûlant d'impatience autour de moi demeure,
Se couche contre terre, et sans faire aucun bruit,
Passe une bonne part d'une si belle nuit.
Par mon commandement la garde en fait de même,
1270 Et se tenant cachée, aide à mon stratagème ;
Et je feins hardiment d'avoir reçu de vous
L'ordre qu'on me voit suivre et que je donne à tous.
Cette obscure clarté qui tombe des étoiles
Enfin avec le flux nous fait voir trente voiles ;
1275 L'onde s'enfle dessous, et d'un commun effort
Les Mores et la mer montent jusques au port.
On les laisse passer ; tout leur paraît tranquille :
Point de soldats au port, point aux murs de la ville.
Notre profond silence abusant leurs esprits,
1280 Ils n'osent plus douter de nous avoir surpris ;
Ils abordent sans peur, ils ancrent, ils descendent,
Et courent se livrer aux mains qui les attendent.

Nous nous levons alors, et tous en même temps
Poussons jusques au ciel mille cris éclatants.
1285 Les nôtres, à ces cris, de nos vaisseaux répondent ;
Ils paraissent armés, les Mores se confondent,
L'épouvante les prend à demi descendus ;
Avant que de combattre, ils s'estiment perdus.
Ils couraient au pillage, et rencontrent la guerre ;
1290 Nous les pressons sur l'eau, nous les pressons sur terre,
Et nous faisons courir des ruisseaux de leur sang,
Avant qu'aucun résiste ou reprenne son rang.
Mais bientôt, malgré nous, leurs princes les rallient,
Leur courage renaît, et leurs terreurs s'oublient :
1295 La honte de mourir sans avoir combattu
Arrête leur désordre, et leur rend leur vertu.
Contre nous de pied ferme ils tirent leurs alfanges,
De notre sang au leur font d'horribles mélanges ;
Et la terre, et le fleuve, et leur flotte, et le port,
1300 Sont des champs de carnage, où triomphe la mort.
        Ô combien d'actions, combien d'exploits célèbres
Sont demeurés sans gloire au milieu des ténèbres,
Où chacun, seul témoin des grands coups qu'il donnait,
Ne pouvait discerner où le sort inclinait !
1305 J'allais de tous côtés encourager les nôtres,
Faire avancer les uns, et soutenir les autres,
Ranger ceux qui venaient, les pousser à leur tour,
Et ne l'ai pu savoir jusques au point du jour.
Mais enfin sa clarté montre notre avantage :
1310 Le More voit sa perte et perd soudain courage ;
Et voyant un renfort qui nous vient secourir,
L'ardeur de vaincre cède à la peur de mourir.
Ils gagnent leurs vaisseaux, ils en coupent les câbles,
Poussent jusques aux cieux des cris épouvantables,
1315 Font retraite en tumulte, et sans considérer
Si leurs rois avec eux peuvent se retirer.
Pour souffrir ce devoir leur frayeur est trop forte :
Le flux les apporta, le reflux les remporte ;
Cependant que leurs rois, engagés parmi nous,
1320 Et quelque peu des leurs, tous percés de nos coups,
Disputent vaillamment et vendent bien leur vie.

À se rendre moi-même en vain je les convie :
Le cimeterre au poing, ils ne m'écoutent pas ;
Mais, voyant à leurs pieds tomber tous leurs soldats,
1325 Et que seuls désormais en vain ils se défendent,
Ils demandent le chef : je me nomme, ils se rendent.
Je vous les envoyai tous deux en même temps ;
Et le combat cessa faute de combattants.
C'est de cette façon que, pour votre service...

SCÈNE 4
Don Fernand, Don Diègue, Don Rodrigue,
Don Arias, Don Alonse, Don Sanche.

DON ALONSE

1330 Sire, Chimène vient vous demander justice.

DON FERNAND

La fâcheuse nouvelle, et l'importun devoir !
Va, je ne la veux pas obliger à te voir.
Pour tous remercîments il faut que je te chasse ;
Mais avant que sortir, viens, que ton roi t'embrasse.
(Don Rodrigue rentre.)

DON DIÈGUE

1335 Chimène le poursuit, et voudrait le sauver.

DON FERNAND

On m'a dit qu'elle l'aime, et je vais l'éprouver.
Montrez un œil plus triste.

SCÈNE 5
Don Fernand, Don Diègue, Don Arias, Don Sanche,
Don Alonse, Chimène, Elvire.

DON FERNAND

Enfin, soyez contente,
Chimène, le succès répond à votre attente :
Si de nos ennemis Rodrigue a le dessus,
1340 Il est mort à nos yeux des coups qu'il a reçus ;
Rendez grâces au Ciel qui vous en a vengée.
(À don Diègue.)
Voyez comme déjà sa couleur est changée.

DON DIÈGUE

Mais voyez qu'elle pâme, et d'un amour parfait,
Dans cette pâmoison, Sire, admirez l'effet.
1345 Sa douleur a trahi les secrets de son âme,
Et ne vous permet plus de douter de sa flamme.

CHIMÈNE

Quoi ! Rodrigue est donc mort ?

DON FERNAND

Non, non, il voit le jour,
Et te conserve encore un immuable amour :
Calme cette douleur qui pour lui s'intéresse.

CHIMÈNE

1350 Sire, on pâme de joie ainsi que de tristesse :
Un excès de plaisir nous rend tous languissants ;
Et quand il surprend l'âme, il accable les sens.

DON FERNAND

Tu veux qu'en ta faveur nous croyions l'impossible ?
Chimène, ta douleur a paru trop visible.

CHIMÈNE

1355 Eh bien ! Sire, ajoutez ce comble à mon malheur,
Nommez ma pâmoison l'effet de ma douleur :
Un juste déplaisir à ce point m'a réduite.
Son trépas dérobait sa tête à ma poursuite ;
S'il meurt des coups reçus pour le bien du pays,
1360 Ma vengeance est perdue et mes desseins trahis :
Une si belle fin m'est trop injurieuse.
Je demande sa mort, mais non pas glorieuse,
Non pas dans un éclat qui l'élève si haut,
Non pas au lit d'honneur, mais sur un échafaud ;
1365 Qu'il meure pour mon père, et non pour la patrie ;
Que son nom soit taché, sa mémoire flétrie.
Mourir pour le pays n'est pas un triste sort ;
C'est s'immortaliser par une belle mort.
        J'aime donc sa victoire, et je le puis sans crime ;
1370 Elle assure l'État et me rend ma victime,
Mais noble, mais fameuse entre tous les guerriers,
Le chef, au lieu de fleurs, couronné de lauriers,
Et pour dire en un mot ce que j'en considère,
Digne d'être immolée aux mânes de mon père...
1375   Hélas ! à quel espoir me laissé-je emporter !
Rodrigue de ma part n'a rien à redouter :
Que pourraient contre lui des larmes qu'on méprise ?
Pour lui tout votre empire est un lieu de franchise ;
Là, sous votre pouvoir, tout lui devient permis ;
1380 Il triomphe de moi comme des ennemis.
Dans leur sang répandu la justice étouffée
Au crime du vainqueur sert d'un nouveau trophée :
Nous en croissons la pompe, et le mépris des lois
Nous fait suivre son char au milieu de deux rois.

DON FERNAND

1385 Ma fille, ces transports ont trop de violence.
Quand on rend la justice, on met tout en balance.
On a tué ton père, il était l'agresseur ;
Et la même équité m'ordonne la douceur.
Avant que d'accuser ce que j'en fais paraître,

1390 Consulte bien ton cœur : Rodrigue en est le maître,
Et ta flamme en secret rend grâces à ton roi,
Dont la faveur conserve un tel amant pour toi.

CHIMÈNE

Pour moi ! mon ennemi ! l'objet de ma colère !
L'auteur de mes malheurs ! l'assassin de mon père !
1395 De ma juste poursuite on fait si peu de cas
Qu'on me croit obliger en ne m'écoutant pas !
        Puisque vous refusez la justice à mes larmes,
Sire, permettez-moi de recourir aux armes ;
C'est par là seulement qu'il a su m'outrager,
1400 Et c'est aussi par là que je me dois venger.
À tous vos cavaliers je demande sa tête :
Oui, qu'un d'eux me l'apporte, et je suis sa conquête ;
Qu'ils le combattent, Sire ; et le combat fini,
J'épouse le vainqueur, si Rodrigue est puni.
1405 Sous votre autorité souffrez qu'on le publie.

DON FERNAND

Cette vieille coutume en ces lieux établie,
Sous couleur de punir un injuste attentat,
Des meilleurs combattants affaiblit un État ;
Souvent de cet abus le succès déplorable
1410 Opprime l'innocent, et soutient le coupable.
J'en dispense Rodrigue : il m'est trop précieux
Pour l'exposer aux coups d'un sort capricieux ;
Et quoi qu'ait pu commettre un cœur si magnanime,
Les Mores en fuyant ont emporté son crime.

DON DIÈGUE

1415 Quoi ! Sire, pour lui seul vous renversez des lois
Qu'a vu toute la cour observer tant de fois !
Que croira votre peuple et que dira l'envie,
Si sous votre défense il ménage sa vie,
Et s'en fait un prétexte à ne paraître pas
1420 Où tous les gens d'honneur cherchent un beau trépas ?
De pareilles faveurs terniraient trop sa gloire :
Qu'il goûte sans rougir les fruits de sa victoire.

Le Comte eut de l'audace ; il l'en a su punir :
Il l'a fait en brave homme, et le doit maintenir.

DON FERNAND

1425 Puisque vous le voulez, j'accorde qu'il le fasse ;
Mais d'un guerrier vaincu mille prendraient la place,
Et le prix que Chimène au vainqueur a promis
De tous mes cavaliers ferait ses ennemis.
L'opposer seul à tous serait trop d'injustice :
1430 Il suffit qu'une fois il entre dans la lice.
Choisis qui tu voudras, Chimène, et choisis bien ;
Mais après ce combat ne demande plus rien.

DON DIÈGUE

N'excusez point par là ceux que son bras étonne :
Laissez un champ ouvert où n'entrera personne.
1435 Après ce que Rodrigue a fait voir aujourd'hui,
Quel courage assez vain s'oserait prendre à lui ?
Qui se hasarderait contre un tel adversaire ?
Qui serait ce vaillant, ou bien ce téméraire ?

DON SANCHE

Faites ouvrir le champ : vous voyez l'assaillant ;
1440 Je suis ce téméraire, ou plutôt ce vaillant.
Accordez cette grâce à l'ardeur qui me presse,
Madame : vous savez quelle est votre promesse.

DON FERNAND

Chimène, remets-tu ta querelle en sa main ?

CHIMÈNE

Sire, je l'ai promis.

DON FERNAND

                    Soyez prêt à demain.

DON DIÈGUE

1445 Non, Sire, il ne faut pas différer davantage :
On est toujours trop prêt quand on a du courage.

DON FERNAND

Sortir d'une bataille, et combattre à l'instant !

DON DIÈGUE

Rodrigue a pris haleine en vous la racontant.

DON FERNAND

Du moins une heure ou deux je veux qu'il se délasse.
1450 Mais de peur qu'en exemple un tel combat ne passe,
Pour témoigner à tous qu'à regret je permets
Un sanglant procédé qui ne me plut jamais,
De moi ni de ma cour il n'aura la présence.
        (Il parle à don Arias.)
        Vous seul des combattants jugerez la vaillance :
1455 Ayez soin que tous deux fassent en gens de cœur,
Et, le combat fini, m'amenez le vainqueur.
Qui qu'il soit, même prix est acquis à sa peine :
Je le veux de ma main présenter à Chimène,
Et que pour récompense il reçoive sa foi.

CHIMÈNE

1460 Quoi ! Sire, m'imposer une si dure loi !

DON FERNAND

Tu t'en plains ; mais ton feu, loin d'avouer ta plainte,
Si Rodrigue est vainqueur, l'accepte sans contrainte.
Cesse de murmurer contre un arrêt si doux :
Qui que ce soit des deux, j'en ferai ton époux.

ACTE V

SCÈNE 1
Don Rodrigue, Chimène.

CHIMÈNE

1465 Quoi ! Rodrigue, en plein jour ! d'où te vient cette
[audace ?
Va, tu me perds d'honneur ; retire-toi, de grâce.

DON RODRIGUE

Je vais mourir, Madame, et vous viens en ce lieu,
Avant le coup mortel, dire un dernier adieu :
Cet immuable amour qui sous vos lois m'engage
1470 N'ose accepter ma mort sans vous en faire hommage.

CHIMÈNE

Tu vas mourir !

DON RODRIGUE

Je cours à ces heureux moments
Qui vont livrer ma vie à vos ressentiments.

CHIMÈNE

Tu vas mourir ! Don Sanche est-il si redoutable
Qu'il donne l'épouvante à ce cœur indomptable ?
1475 Qui t'a rendu si faible, ou qui le rend si fort ?
Rodrigue va combattre, et se croit déjà mort !
Celui qui n'a pas craint les Mores, ni mon père,
Va combattre don Sanche, et déjà désespère !
Ainsi donc au besoin ton courage s'abat !

DON RODRIGUE

1480 Je cours à mon supplice, et non pas au combat ;
Et ma fidèle ardeur sait bien m'ôter l'envie,
Quand vous cherchez ma mort, de défendre ma vie.
    J'ai toujours même cœur ; mais je n'ai point de bras
Quand il faut conserver ce qui ne vous plaît pas ;
1485 Et déjà cette nuit m'aurait été mortelle
Si j'eusse combattu pour ma seule querelle ;
Mais défendant mon Roi, son peuple et mon pays,
À me défendre mal je les aurais trahis.
Mon esprit généreux ne hait pas tant la vie
1490 Qu'il en veuille sortir par une perfidie.
Maintenant qu'il s'agit de mon seul intérêt,
Vous demandez ma mort, j'en accepte l'arrêt.
Votre ressentiment choisit la main d'un autre
(Je ne méritais pas de mourir de la vôtre).
1495 On ne me verra point en repousser les coups ;
Je dois plus de respect à qui combat pour vous ;
Et ravi de penser que c'est de vous qu'ils viennent,
Puisque c'est votre honneur que ses armes soutiennent,
Je vais lui présenter mon estomac ouvert,
1500 Adorant en sa main la vôtre qui me perd.

CHIMÈNE

Si d'un triste devoir la juste violence,
Qui me fait malgré moi poursuivre ta vaillance,
Prescrit à ton amour une si forte loi
Qu'il te rend sans défense à qui combat pour moi,
1505 En cet aveuglement ne perds pas la mémoire
Qu'ainsi que de ta vie il y va de ta gloire,
Et que dans quelque éclat que Rodrigue ait vécu,
Quand on le saura mort, on le croira vaincu.
    Ton honneur t'est plus cher que je ne te suis chère,
1510 Puisqu'il trempe tes mains dans le sang de mon père,
Et te fait renoncer, malgré ta passion,
À l'espoir le plus doux de ma possession :
Je t'en vois cependant faire si peu de conte,
Que sans rendre combat tu veux qu'on te surmonte.

1515 Quelle inégalité ravale ta vertu ?
Pourquoi ne l'as-tu plus, ou pourquoi l'avais-tu ?
Quoi ? n'es-tu généreux que pour me faire outrage ?
S'il ne faut m'offenser, n'as-tu point de courage ?
Et traites-tu mon père avec tant de rigueur,
1520 Qu'après l'avoir vaincu, tu souffres un vainqueur ?
Va, sans vouloir mourir, laisse-moi te poursuivre,
Et défends ton honneur, si tu ne veux plus vivre.

DON RODRIGUE

Après la mort du Comte, et les Mores défaits,
Faudrait-il à ma gloire encor d'autres effets ?
1525 Elle peut dédaigner le soin de me défendre :
On sait que mon courage ose tout entreprendre,
Que ma valeur peut tout, et que dessous les cieux,
Auprès de mon honneur, rien ne m'est précieux.
Non, non, en ce combat, quoi que vous veuilliez croire,
1530 Rodrigue peut mourir sans hasarder sa gloire,
Sans qu'on l'ose accuser d'avoir manqué de cœur,
Sans passer pour vaincu, sans souffrir un vainqueur.
On dira seulement : « Il adorait Chimène ;
Il n'a pas voulu vivre et mériter sa haine ;
1535 Il a cédé lui-même à la rigueur du sort
Qui forçait sa maîtresse à poursuivre sa mort :
Elle voulait sa tête ; et son cœur magnanime,
S'il l'en eût refusée, eût pensé faire un crime.
Pour venger son honneur il perdit son amour,
1540 Pour venger sa maîtresse il a quitté le jour,
Préférant, quelque espoir qu'eût son âme asservie,
Son honneur à Chimène, et Chimène à sa vie. »
Ainsi donc vous verrez ma mort en ce combat,
Loin d'obscurcir ma gloire, en rehausser l'éclat ;
1545 Et cet honneur suivra mon trépas volontaire,
Que tout autre que moi n'eût pu vous satisfaire.

CHIMÈNE

Puisque, pour t'empêcher de courir au trépas,
Ta vie et ton honneur sont de faibles appas,
1550 Si jamais je t'aimai, cher Rodrigue, en revanche,

1550 Défends-toi maintenant pour m'ôter à Don Sanche ;
     Combats pour m'affranchir d'une condition
     Qui me donne à l'objet de mon aversion.
     Te dirai-je encor plus ? va, songe à ta défense,
     Pour forcer mon devoir, pour m'imposer silence ;
1555 Et si tu sens pour moi ton cœur encore épris,
     Sors vainqueur d'un combat dont Chimène est le prix.
     Adieu : ce mot lâché me fait rougir de honte.

               DON RODRIGUE, *seul*

     Est-il quelque ennemi qu'à présent je ne dompte ?
     Paraissez, Navarrais, Mores et Castillans,
1560 Et tout ce que l'Espagne a nourri de vaillants ;
     Unissez-vous ensemble, et faites une armée,
     Pour combattre une main de la sorte animée :
     Joignez tous vos efforts contre un espoir si doux ;
     Pour en venir à bout, c'est trop peu que de vous.

               SCÈNE 2

               L'INFANTE

1565 T'écouterai-je encor, respect de ma naissance,
          Qui fais un crime de mes feux ?
     T'écouterai-je, amour, dont la douce puissance
     Contre ce fier tyran fait révolter mes vœux ?
          Pauvre princesse, auquel des deux
1570   Dois-tu prêter obéissance ?
     Rodrigue, ta valeur te rend digne de moi ;
     Mais pour être vaillant, tu n'es pas fils de roi.
          Impitoyable sort, dont la rigueur sépare
          Ma gloire d'avec mes désirs !
1575 Est-il dit que le choix d'une vertu si rare
     Coûte à ma passion de si grands déplaisirs ?
          Ô Cieux ! à combien de soupirs
          Faut-il que mon cœur se prépare,

Si jamais il n'obtient sur un si long tourment
1580 Ni d'éteindre l'amour, ni d'accepter l'amant !
Mais c'est trop de scrupule, et ma raison s'étonne,
    Du mépris d'un si digne choix :
Bien qu'aux monarques seuls ma naissance me donne,
Rodrigue, avec honneur, je vivrai sous tes lois.
1585   Après avoir vaincu deux rois,
    Pourrais-tu manquer de couronne ?
Et ce grand nom de Cid que tu viens de gagner
Ne fait-il pas trop voir sur qui tu dois régner ?
Il est digne de moi, mais il est à Chimène ;
1590   Le don que j'en ai fait me nuit.
Entre eux la mort d'un père a si peu mis de haine,
Que le devoir du sang à regret le poursuit :
    Ainsi n'espérons aucun fruit
    De son crime, ni de ma peine,
1595 Puisque pour me punir le destin a permis
Que l'amour dure même entre deux ennemis.

SCÈNE 3
L'Infante, Léonor.

L'INFANTE

Où viens-tu, Léonor ?

LÉONOR

           Vous applaudir, Madame,
Sur le repos qu'enfin a retrouvé votre âme.

L'INFANTE

D'où viendrait ce repos dans un comble d'ennui ?

LÉONOR

1600 Si l'amour vit d'espoir, et s'il meurt avec lui,
Rodrigue ne peut plus charmer votre courage.
Vous savez le combat où Chimène l'engage :

Puisqu'il faut qu'il y meure, ou qu'il soit son mari,
Votre espérance est morte, et votre esprit guéri.

L'INFANTE

1605 Ah ! qu'il s'en faut encor !

LÉONOR

                                    Que pouvez-vous prétendre ?

L'INFANTE

Mais plutôt quel espoir me pourrais-tu défendre ?
Si Rodrigue combat sous ces conditions,
Pour en rompre l'effet, j'ai trop d'inventions.
L'amour, ce doux auteur de mes cruels supplices,
1610 Aux esprits des amants apprend trop d'artifices.

LÉONOR

Pourrez-vous quelque chose, après qu'un père mort
N'a pu dans leurs esprits allumer de discord ?
Car Chimène aisément montre par sa conduite
Que la haine aujourd'hui ne fait pas sa poursuite.
1615 Elle obtient un combat, et pour son combattant
C'est le premier offert qu'elle accepte à l'instant :
Elle n'a point recours à ces mains généreuses
Que tant d'exploits fameux rendent si glorieuses ;
Don Sanche lui suffit, et mérite son choix,
1620 Parce qu'il va s'armer pour la première fois.
Elle aime en ce duel son peu d'expérience ;
Comme il est sans renom, elle est sans défiance ;
Et sa facilité vous doit bien faire voir
Qu'elle cherche un combat qui force son devoir,
1625 Qui livre à son Rodrigue une victoire aisée,
Et l'autorise enfin à paraître apaisée.

L'INFANTE

Je le remarque assez, et toutefois mon cœur
À l'envi de Chimène adore ce vainqueur.
À quoi me résoudrai-je, amante infortunée ?

LÉONOR

1630 À vous mieux souvenir de qui vous êtes née :
Le Ciel vous doit un roi, vous aimez un sujet !

L'INFANTE

Mon inclination a bien changé d'objet.
Je n'aime plus Rodrigue, un simple gentilhomme ;
Non, ce n'est plus ainsi que mon amour le nomme :
1635 Si j'aime, c'est l'auteur de tant de beaux exploits,
C'est le valeureux Cid, le maître de deux rois.
Je me vaincrai pourtant, non de peur d'aucun blâme,
Mais pour ne troubler pas une si belle flamme ;
Et quand pour m'obliger on l'aurait couronné,
1640 Je ne veux point reprendre un bien que j'ai donné.
Puisqu'en un tel combat sa victoire est certaine,
Allons encore un coup le donner à Chimène.
Et toi, qui vois les traits dont mon cœur est percé,
Viens me voir achever comme j'ai commencé.

SCÈNE 4
Chimène, Elvire.

CHIMÈNE

1645 Elvire, que je souffre, et que je suis à plaindre !
Je ne sais qu'espérer, et je vois tout à craindre ;
Aucun vœu ne m'échappe où j'ose consentir ;
Je ne souhaite rien sans un prompt repentir.
À deux rivaux pour moi je fais prendre les armes :
1650 Le plus heureux succès me coûtera des larmes ;
Et quoi qu'en ma faveur en ordonne le sort,
Mon père est sans vengeance, ou mon amant est mort.

ELVIRE

D'un et d'autre côté je vous vois soulagée :
Ou vous avez Rodrigue, ou vous êtes vengée ;

1655 Et quoi que le destin puisse ordonner de vous,
    Il soutient votre gloire, et vous donne un époux.

CHIMÈNE

Quoi ! l'objet de ma haine ou de tant de colère !
L'assassin de Rodrigue ou celui de mon père !
De tous les deux côtés on me donne un mari
1660 Encor tout teint du sang que j'ai le plus chéri ;
De tous les deux côtés mon âme se rebelle :
Je crains plus que la mort la fin de ma querelle.
Allez, vengeance, amour, qui troublez mes esprits,
Vous n'avez point pour moi de douceurs à ce prix ;
1665 Et toi, puissant moteur du destin qui m'outrage,
Termine ce combat sans aucun avantage,
Sans faire aucun des deux ni vaincu ni vainqueur.

ELVIRE

Ce serait vous traiter avec trop de rigueur.
Ce combat pour votre âme est un nouveau supplice,
1670 S'il vous laisse obligée à demander justice,
À témoigner toujours ce haut ressentiment,
Et poursuivre toujours la mort de votre amant.
Madame, il vaut bien mieux que sa rare vaillance,
Lui couronnant le front, vous impose silence :
1675 Que la loi du combat étouffe vos soupirs,
Et que le Roi vous force à suivre vos désirs.

CHIMÈNE

Quand il sera vainqueur, crois-tu que je me rende ?
Mon devoir est trop fort, et ma perte trop grande,
Et ce n'est pas assez, pour leur faire la loi,
1680 Que celle du combat et le vouloir du Roi.
Il peut vaincre don Sanche avec fort peu de peine,
Mais non pas avec lui la gloire de Chimène ;
Et quoi qu'à sa victoire un monarque ait promis,
Mon honneur lui fera mille autres ennemis.

ELVIRE

1685 Gardez, pour vous punir de cet orgueil étrange,

Que le Ciel à la fin ne souffre qu'on vous venge.
Quoi ! vous voulez encor refuser le bonheur
De pouvoir maintenant vous taire avec honneur ?
Que prétend ce devoir, et qu'est-ce qu'il espère ?
1690 La mort de votre amant vous rendra-t-elle un père ?
Est-ce trop peu pour vous que d'un coup de malheur ?
Faut-il perte sur perte, et douleur sur douleur ?
Allez, dans le caprice où votre humeur s'obstine,
Vous ne méritez pas l'amant qu'on vous destine ;
1695 Et nous verrons du Ciel l'équitable courroux
Vous laisser, par sa mort, don Sanche pour époux.

CHIMÈNE

Elvire, c'est assez des peines que j'endure,
Ne les redouble point de ce funeste augure.
Je veux, si je le puis, les éviter tous deux ;
1700 Sinon en ce combat Rodrigue a tous mes vœux :
Non qu'une folle ardeur de son côté me penche ;
Mais s'il était vaincu, je serais à don Sanche :
Cette appréhension fait naître mon souhait.
Que vois-je, malheureuse ? Elvire, c'en est fait.

SCÈNE 5
Don Sanche, Chimène, Elvire.

DON SANCHE

1705 Obligé d'apporter à vos pieds cette épée...

CHIMÈNE

Quoi ! du sang de Rodrigue encor toute trempée ?
Perfide, oses-tu bien te montrer à mes yeux,
Après m'avoir ôté ce que j'aimais le mieux ?
         Éclate, mon amour, tu n'as plus rien à craindre :
1710 Mon père est satisfait, cesse de te contraindre.
Un même coup a mis ma gloire en sûreté,
Mon âme au désespoir, ma flamme en liberté.

DON SANCHE

D'un esprit plus rassis...

CHIMÈNE

                    Tu me parles encore,
Exécrable assassin d'un héros que j'adore ?
1715 Va, tu l'as pris en traître ; un guerrier si vaillant
N'eût jamais succombé sous un tel assaillant.
N'espère rien de moi, tu ne m'as point servie :
En croyant me venger, tu m'as ôté la vie.

DON SANCHE

Étrange impression, qui, loin de m'écouter...

CHIMÈNE

1720 Veux-tu que de sa mort je t'écoute vanter,
Que j'entende à loisir avec quelle insolence
Tu peindras son malheur, mon crime et ta vaillance ?

SCÈNE 6

Don Fernand, Don Diègue, Don Arias, Don Sanche,
Don Alonse, Chimène, Elvire.

CHIMÈNE

Sire, il n'est plus besoin de vous dissimuler
Ce que tous mes efforts ne vous ont pu celer.
1725 J'aimais, vous l'avez su ; mais pour venger mon père,
J'ai bien voulu proscrire une tête si chère :
Votre Majesté, Sire, elle-même a pu voir
Comme j'ai fait céder mon amour au devoir.
Enfin Rodrigue est mort, et sa mort m'a changée
1730 D'implacable ennemie en amante affligée.
J'ai dû cette vengeance à qui m'a mise au jour,
Et je dois maintenant ces pleurs à mon amour.

Don Sanche m'a perdue en prenant ma défense,
Et du bras qui me perd je suis la récompense !
1735 Sire, si la pitié peut émouvoir un roi,
De grâce, révoquez une si dure loi ;
Pour prix d'une victoire où je perds ce que j'aime,
Je lui laisse mon bien ; qu'il me laisse à moi-même ;
Qu'en un cloître sacré je pleure incessamment,
1740 Jusqu'au dernier soupir, mon père et mon amant.

DON DIÈGUE

Enfin elle aime, Sire, et ne croit plus un crime
D'avouer par sa bouche un amour légitime.

DON FERNAND

Chimène, sors d'erreur, ton amant n'est pas mort,
Et don Sanche vaincu t'a fait un faux rapport.

DON SANCHE

1745 Sire, un peu trop d'ardeur malgré moi l'a déçue :
Je venais du combat lui raconter l'issue.
Ce généreux guerrier, dont son cœur est charmé :
« Ne crains rien, m'a-t-il dit, quand il m'a désarmé ;
Je laisserais plutôt la victoire incertaine,
1750 Que de répandre un sang hasardé pour Chimène ;
Mais puisque mon devoir m'appelle auprès du Roi,
Va de notre combat l'entretenir pour moi,
De la part du vainqueur lui porter ton épée. »
Sire, j'y suis venu : cet objet l'a trompée ;
1755 Elle m'a cru vainqueur, me voyant de retour,
Et soudain sa colère a trahi son amour
Avec tant de transport et tant d'impatience,
Que je n'ai pu gagner un moment d'audience.
Pour moi, bien que vaincu, je me répute heureux ;
1760 Et malgré l'intérêt de mon cœur amoureux,
Perdant infiniment, j'aime encor ma défaite,
Qui fait le beau succès d'une amour si parfaite.

DON FERNAND

Ma fille, il ne faut point rougir d'un si beau feu,

Ni chercher les moyens d'en faire un désaveu.
1765 Une louable honte en vain t'en sollicite :
Ta gloire est dégagée, et ton devoir est quitte ;
Ton père est satisfait, et c'était le venger
Que mettre tant de fois ton Rodrigue en danger.
Tu vois comme le Ciel autrement en dispose.
1770 Ayant tant fait pour lui, fais pour toi quelque chose,
Et ne sois point rebelle à mon commandement,
Qui te donne un époux aimé si chèrement.

SCÈNE 7

Don Fernand, Don Diègue, Don Arias, Don Rodrigue,
Don Alonse, Don Sanche,
L'Infante, Chimène, Léonor, Elvire.

L'INFANTE

Sèche tes pleurs, Chimène, et reçois sans tristesse
Ce généreux vainqueur des mains de ta princesse.

DON RODRIGUE

1775 Ne vous offensez point, Sire, si devant vous
Un respect amoureux me jette à ses genoux.
Je ne viens point ici demander ma conquête :
Je viens tout de nouveau vous apporter ma tête,
Madame ; mon amour n'emploiera point pour moi
1780 Ni la loi du combat, ni le vouloir du Roi.
Si tout ce qui s'est fait est trop peu pour un père,
Dites par quels moyens il vous faut satisfaire.
Faut-il combattre encor mille et mille rivaux,
Aux deux bouts de la terre étendre mes travaux,
1785 Forcer moi seul un camp, mettre en fuite une armée,
Des héros fabuleux passer la renommée ?
Si mon crime par là se peut enfin laver,
J'ose tout entreprendre, et puis tout achever ;
Mais si ce fier honneur, toujours inexorable,
1790 Ne se peut apaiser sans la mort du coupable,

➥ Voir *Au fil du texte*, p. XI.

N'armez plus contre moi le pouvoir des humains :
Ma tête est à vos pieds, vengez-vous par vos mains ;
Vos mains seules ont droit de vaincre un invincible ;
Prenez une vengeance à tout autre impossible.
1795 Mais du moins que ma mort suffise à me punir :
Ne me bannissez point de votre souvenir ;
Et puisque mon trépas conserve votre gloire,
Pour vous en revancher conservez ma mémoire,
Et dites quelquefois, en déplorant mon sort :
1800 « S'il ne m'avait aimée, il ne serait pas mort. »

CHIMÈNE

Relève-toi, Rodrigue. Il faut l'avouer, Sire,
Je vous en ai trop dit pour m'en pouvoir dédire.
Rodrigue a des vertus que je ne puis haïr ;
Et quand un roi commande, on lui doit obéir.
1805 Mais à quoi que déjà vous m'ayez condamnée,
Pourrez-vous à vos yeux souffrir cet hyménée ?
Et quand de mon devoir vous voulez cet effort,
Toute votre justice en est-elle d'accord ?
Si Rodrigue à l'État devient si nécessaire,
1810 De ce qu'il fait pour vous dois-je être le salaire,
Et me livrer moi-même au reproche éternel
D'avoir trempé mes mains dans le sang paternel ?

DON FERNAND

Le temps assez souvent a rendu légitime
Ce qui semblait d'abord ne se pouvoir sans crime :
1815 Rodrigue t'a gagnée, et tu dois être à lui.
Mais quoique sa valeur t'ait conquise aujourd'hui,
Il faudrait que je fusse ennemi de ta gloire,
Pour lui donner sitôt le prix de sa victoire.
Cet hymen différé ne rompt point une loi
1820 Qui sans marquer de temps lui destine ta foi.
Prends un an, si tu veux, pour essuyer tes larmes.
Rodrigue, cependant, il faut prendre les armes.
Après avoir vaincu les Mores sur nos bords,
Renversé leurs desseins, repoussé leurs efforts,
1825 Va jusqu'en leur pays leur reporter la guerre,

Commander mon armée, et ravager leur terre :
À ce nom seul de Cid ils trembleront d'effroi ;
Ils t'ont nommé Seigneur, et te voudront pour roi.
Mais parmi tes hauts faits sois-lui toujours fidèle :
1830 Reviens-en, s'il se peut, encor plus digne d'elle ;
Et par tes grands exploits fais-toi si bien priser
Qu'il lui soit glorieux alors de t'épouser.

DON RODRIGUE

Pour posséder Chimène, et pour votre service,
Que peut-on m'ordonner que mon bras n'accomplisse ?
1835 Quoi qu'absent de ses yeux il me faille endurer,
Sire, ce m'est trop d'heur de pouvoir espérer.

DON FERNAND

Espère en ton courage, espère en ma promesse ;
Et possédant déjà le cœur de ta maîtresse,
Pour vaincre un point d'honneur qui combat contre toi,
1840 Laisse faire le temps, ta vaillance et ton roi.

LES CLÉS DE L'ŒUVRE

I - AU FIL DU TEXTE

II - DOSSIER HISTORIQUE ET LITTÉRAIRE

Pour approfondir votre lecture, LIRE vous propose une sélection commentée :
- de morceaux « classiques » devenus incontournables, signalés par ● (droit au but).
- d'extraits représentatifs de l'œuvre, signalés par ⊂⊕ (en flânant).

AU FIL DU TEXTE

Par Marie-Dominique Boutilié, professeur de lettres classiques.

1. DÉCOUVRIR V

- La date
- Le titre
- Composition :
  - Point de vue de l'auteur
  - Structure de l'œuvre

2. LIRE VIII

- ●◆ Droit au but
  - *L'affront*
  - *Elle et Lui*
  - *« Laisse faire le temps… »*

- ↪ En flânant
  - *Une princesse sacrifiée*
  - *Les « stances » de Rodrigue*
  - *Le combat contre les Mores*

- Les thèmes clés
  - La générosité
  - La gloire
  - L'amour
  - Le duel et l'interdiction royale
  - L'indépendance des grands

3. POURSUIVRE XVI

- Lectures croisées
  - La théorie des passions selon Descartes
  - La grandeur du renoncement : autour de *La Princesse de Clèves*
  - « La démolition du héros »

- Pistes de recherches

- Parcours critique

- Un livre/un film

I - DÉCOUVRIR

La phrase clé

« Je suis jeune, il est vrai ; mais aux âmes bien nées
La valeur n'attend point le nombre des années. »

Acte II, scène 2, v. 405-406.

• LA DATE

C'est au début du mois de janvier 1637 que fut représenté pour la première fois *Le Cid*. Le succès fut éclatant et le théâtre du Marais envahi à tel point que l'on dut mettre des chaises sur la scène, habitude qui resta en honneur jusqu'à la fin du XVIIIᵉ siècle.

Corneille a alors un peu plus de trente ans, ses études de droit n'ont débouché sur aucune carrière brillante et il s'est essayé à la comédie avec succès (voir dossier historique et littéraire I). Il deviendra, en 1634, un des cinq poètes à gages de Richelieu (avec Richelieu lui-même, Colletet, Rotrou et de L'Étoile). Mais lorsqu'à la fin du mois de janvier 1637, le texte de la pièce fut imprimé, les confrères de Corneille, quelque peu jaloux de sa gloire, entreprirent de mettre en lumière les faiblesses de son texte, « multiplicité de l'action et fautes de goût et de style ». Ainsi naquit la fameuse *Querelle du Cid* (voir dossier historique et littéraire II) à propos de laquelle l'Académie française, tout nouvellement née, dut exprimer ses *Sentiments*, ce qui l'occupa pendant cinq mois et donna lieu à cette conclusion de Chapelain : « Encore que le sujet du *Cid* ne soit pas bon, qu'il pèche par son dénouement, qu'il soit chargé d'épisodes inutiles…, néanmoins la véhémence des passions, la force et la délicatesse de quelques-unes de ses pensées, et cet agrément inexplicable qui se mêle à tous ses défauts, lui ont acquis un rang considérable entre les poèmes français de ce genre qui ont donné le plus de satisfaction. » Il est difficile de faire plus sot… Ceci relança l'animosité et il fallut la ferme intervention de Richelieu pour faire cesser ces criailleries. Si Corneille en demeura meurtri, pour nous demeure en mémoire l'hommage que Boileau lui rendit plus tard et qui a traversé les siècles :

« Tout Paris pour Chimène a les yeux de Rodrigue. »

• LE TITRE

« Sois désormais le Cid : qu'à ce grand nom tout cède » (v. 1225).

Par le choix de ce titre, « seigneur », qui révèle la gloire de Rodrigue, Corneille met en lumière ce qui lui importe : « l'épiphanie » du héros qui ajoute à la noblesse de sa race l'éclat de sa gloire personnelle. Reconnu d'abord par les autres, Rodrigue accède à un nouveau statut que lui confère le roi, en reprenant de façon solennelle le nom donné par les ennemis (voir dossier historique et littéraire III : Le Cid, personnage historique).

• COMPOSITION

Le point de vue de l'auteur

Le pacte de lecture

Corneille est un bourgeois, provincial de surcroît, dont les valeurs se fondent sur une conception aristocratique de l'existence, qui exprime d'abord une attitude métaphysique.

Dès ses premières comédies, il crée des personnages pleins de noblesse et dont le langage exprime déjà grandeur et lucidité :

> « Dure condition de mon malheur extrême !
> Si j'aime, on me trahit ; on me trahit si j'aime. »

La Place Royale, IV, 8, v. 11186-11187.

Mais puisque c'est seulement par le combat et l'exploit que le noble peut prouver sa supériorité, ou plus exactement son existence, Corneille a besoin de personnages aux prises avec des situations qui le mettent en péril et c'est ainsi qu'il vient à la rencontre du héros.

« La dignité (de la tragédie) demande *quelque grand intérêt d'État*, ou quelque passion plus *noble* et plus *mâle* que l'amour, telles que sont l'ambition et la vengeance, et veut donner à craindre des malheurs plus grands que la perte d'une maîtresse » (*Discours du poème dramatique*, Gallimard, La Pléiade, I, p. 67).

Les objectifs d'écriture

Corneille ne les a pas véritablement définis mais on peut en dégager un qui apparaît clairement au travers de l'œuvre : la volonté de faire triompher l'ordre que représente le roi en face de la démesure (*l'hybris* des Grecs) du comte. Don Fernand défend son pouvoir contre la désobéissance du comte ou la conduite indépendante de Don Sanche. Et il sait en même temps faire preuve d'une réelle diplomatie en face de Rodrigue et de Chimène, satisfaisant ainsi le désir de Corneille, hostile à l'esprit du despotisme dont il redoutait les abus tout en étant profondément attaché à la monarchie. Don Fernand a-t-il l'intention de donner une leçon de modération à Richelieu dont l'attitude vis-à-vis des Grands exprime son goût pour le pouvoir absolu ? Corneille s'en justifie lui-même dans *L'Examen du Cid* : « Je me suis cru bien fondé à le (Don Fernand) faire agir plus mollement qu'on le ferait en ce temps-ci où l'autorité est plus absolue. »

Structure de l'œuvre

Intitulée d'abord tragi-comédie, la pièce deviendra tragédie par décision de son auteur. Rappelons les différences entre ces deux formes :

la tragi-comédie, dite baroque	la tragédie, dite classique
cinq actes	cinq actes
plusieurs tableaux	un seul lieu
de nombreux épisodes	une seule action
une atmosphère romanesque	une atmosphère tendue
une durée indéterminée	vingt-quatre heures
un dénouement heureux	un dénouement sanglant

On voit que *Le Cid* se situe entre les deux, le goût du temps lui ayant insufflé le romanesque et la sévérité des sages lui ayant imposé des règles plus strictes. Par commodité pour Rodrigue (et pour Corneille) la cour du roi s'est transportée de Burgos à Séville : nous sommes en Andalousie et non en Castille. (À noter, pour la petite histoire ou la critique mesquine, que Séville deviendra chrétienne seulement deux siècles plus tard et, pour cette raison, l'idée de défendre une ville musulmane contre une attaque more est plaisante.)

On peut trouver une structure fondée sur les épisodes importants qui ne correspondent pas forcément au découpage en actes. Les temps forts apparaissent ainsi après les deux scènes d'exposition :

Affrontement des pères (I, 3)   *début de l'après-midi*
Duel Rodrigue/le comte (II, 4)   *tard dans l'après-midi*
Procès (la première audience) (II, 7, 8) *début de la nuit*
Duel amoureux (III, 4)
Le combat contre les Mores (IV, 3)   *dans la nuit*
Le duel judiciaire (IV, 5)

II - LIRE

Pour approfondir votre lecture, LIRE vous propose une sélection commentée :
- *de morceaux « classiques » devenus incontournables, signalés par ⚫▸ (droit au but).*
- *d'extraits représentatifs de l'œuvre, signalés par ☞ (en flânant).*

| ☞ 1 - *Une princesse sacrifiée* acte I, scène 2 | p. 19 |

Cette scène permet d'approcher l'infante, personnage souvent méconnu, voire méprisé, et réduit parfois à un personnage de comédie. Or elle apparaît à chaque acte (sauf à l'acte III), et son rôle n'est pas négligeable sur le plan dramatique puisqu'elle contribue à établir un équilibre apparent : Rodrigue entre deux amoureuses et Chimène entre deux prétendants. Mais c'est par sa souffrance dans le renoncement qu'elle suscite l'intérêt. Héroïne tragique, frappée par le destin,

« Cet hymen m'est fatal, je le crains et souhaite » (v. 121),

elle a des accents pathétiques pour exprimer le dilemme sans issue dans lequel elle se trouve :

« Ma gloire et mon amour ont pour moi tant d'appas,
Que je meurs s'il s'achève ou ne s'achève pas » (v. 123-124).

Bien sûr, son acharnement à vouloir entendre parler d'un mariage qu'elle redoute, sa décision de « donner » ce qui ne lui appartient pas, son langage souvent précieux ont contribué à faire oublier la grandeur de son renoncement à un bonheur que son rang lui interdit. Elle se livre avec passion à sa gloire et à son amour, condamnée à la solitude et à l'immobilité :

« Viens me voir achever comme j'ai commencé » (v. 1644).

Elle connaît, comme Chimène, le tragique de la nature amoureuse confrontée à l'ordre social et cette confrontation ne lui laisse aucun choix : Rodrigue et elle appartiennent à deux ordres différents, aristocratique et monarchique, ce qui n'autorise même pas le conflit.

Les contemporains voyaient peut-être dans ce personnage la situation de certaines princesses renonçant à leurs amours, telle Marie de Gonzague, épousant le roi de Pologne malgré son affection pour Cinq-Mars, ou le long célibat de la Grande Mademoiselle.

◆◆ 2 - *L'affront*
  acte I, scène 3   p. 22

Le spectateur, instruit des amours de Chimène et de Rodrigue, attend la conclusion de leur mariage. Or la scène 3, dont le rôle dramatique est évident, va voir le bouleversement de cette attente : la première catastrophe a lieu, entraînant avec elle l'action tragique. Tout va changer : la situation des protagonistes, sous l'effet de « l'élection » de Don Diègue, l'attitude de chacun et le ton adopté, tantôt sarcastique, tantôt blessant ou méprisant, parfois digne et modéré, ces changements correspondent à l'évolution de la querelle. Deux thèses s'affrontent : celle de l'homme d'expérience, incarné par Don Diègue, et celle de l'homme d'action que représente le comte. Sous l'effet de la colère, ces deux thèses se figent et s'exacerbent jusqu'à l'affrontement ultime. Les deux caractères en présence ont en commun l'amour-propre qui convient à leur rang, un amour-propre satisfait chez Don Diègue et blessé chez le comte, ce qui s'inversera à la fin de la scène avec l'humiliation de Don Diègue. La révolte du comte ne pouvait manquer d'évoquer pour les spectateurs de l'époque la morgue des Grands se dressant contre Richelieu et l'ingratitude des rois qui « savent mal payer les services présents ».

On peut rapprocher ce moment de celui où Hector et Ulysse, conscients de leur responsabilité de chefs, tentent d'empêcher le combat dans *La Guerre de Troie n'aura pas lieu* de J. Giraudoux.

◇◇ 3 - *Les « stances » de Rodrigue*
  acte I, scène 6   p. 28

L'acte I s'achève sur les stances, « moment suspendu », à la fois lyrique et dramatique puisqu'il se conclut par la ferme décision de Rodrigue, décision que la brutalité de Don Diègue ne lui avait pas laissé le temps de prendre. Bien loin de considérer cette pause comme un moment de délibération purement intellectuelle, ce qui importe en vérité, c'est de comprendre que toutes les évidences exprimées par Rodrigue ont besoin de se mettre en ordre et que c'est seulement par la parole qu'elles peuvent le faire. « Ce qui se fait jour… c'est la nécessité du sacrifice *de l'amour en tant que jouissance* au maintien *de l'ordre aristocratique* » (S. Doubrovsky, *Corneille et la dialectique du héros*, p. 103).

Rodrigue doit s'acquitter de sa dette envers son père :

« Je rendrai mon sang pur comme je l'ai reçu » (v. 344).

Du désarroi des premiers vers à la décision prise de « punir le père de Chimène », on peut percevoir l'hésitation dans les silences à peine marqués du texte. La grandeur de Rodrigue passe aussi par le doute lié à sa faiblesse humaine exprimée ici et associée à l'affirmation de l'héroïsme, que la parole a permis de faire naître. Si l'on peut parler de « parenthèse lyrique », il ne faut pas oublier la construction rhétorique de ce passage.

Dans le théâtre du XVIIe les stances, expressions de la souffrance et de l'inquiétude du moi, étaient à la mode, manifestation du lyrisme tel que nous le définissons. Les règles d'écriture, strictement définies à la fin du XVIe : une idée par strophe, vers de longueur variée et combinaison de rimes s'étaient peu à peu assouplies. Limitées en général à sept strophes de quatre vers, ici elles sont exceptionnellement amples, marquées par le refrain qui met en valeur le leitmotiv « peine, Chimène ». Après 1660, ce goût pour les stances s'atténua jusqu'à disparaître.

◆◇ 4 - *Elle et Lui*
    acte III, scène 4   p. 54

Rodrigue entre en scène, accueilli par Elvire à qui Chimène vient de déclarer qu'elle « adore » encore Rodrigue. Une situation romantique que cette irruption du meurtrier dans la maison de sa victime. La composition est très nette : deux longues tirades se répondent, faisant éclater l'impasse dans laquelle se trouvent les jeunes gens et dont Rodrigue, non sans cruauté, « profite » pour obtenir l'abandon de Chimène. Chacun projettera là ses propres sentiments : Rodrigue se montre-t-il calculateur ? peu sincère ? Chimène est-elle anéantie ou décidée à lutter encore ? On peut mieux les comprendre en réalisant combien est immense le désir d'héroïsme de chacun et la force de leur amour. R. Brasillach a évoqué « ces gestes d'enfants perdus… Le Cid la prend par la main comme sa femme-enfant à lui promise de toute éternité » (*Corneille*, p. 330). Si cette scène est apparue peu conforme aux bienséances de l'époque, elle exprime cette « tentation de la tendresse », un moment soustraite à la conduite héroïque qui exige que Chimène obtienne la mort de Rodrigue pour atteindre à sa hauteur, comme Rodrigue a dû tuer le comte pour l'égaler.

> « De quoi qu'en ma faveur notre amour m'entretienne,
> Ma générosité doit répondre à la tienne. »

○→ 5 - *Le combat contre les Mores*
   acte IV, scène 3   p. 69

Ce morceau de bravoure du texte a été soigneusement préparé : au vers 607, on annonce l'arrivée des ennemis et, par la bouche d'Elvire, la victoire de Rodrigue (IV, 1), victoire qui va mettre fin au « jugement de Rodrigue », obtenant ainsi le pardon du roi. Au début de cette longue tirade (v. 1256 à 1282), Rodrigue décrit avec fougue l'enthousiasme des hommes prêts à se battre sous son autorité déjà reconnue et manifestée par le « Je ». Cet élan le fait parler au présent historique, traduisant la vie de ce moment unique. Viennent alors des vers au rythme plus lent pour évoquer la « si belle nuit » qui permet une échappée sur l'extérieur. Les bateaux des Mores arrivent et Rodrigue s'attarde à décrire le décor marin sous « l'obscure clarté qui tombe des étoiles ». Ce moment de calme se révèle propice à l'abordage des ennemis, soutenu par un rythme de plus en plus pressant où abondent allitérations et enjambements. Tout ce passage, jusqu'au vers 1328, reflète le bonheur de Rodrigue à triompher, bonheur et honneur enfin en harmonie. La victoire sur les Mores lui permet de devenir « le Cid » aux yeux du roi, il se met ainsi au service de l'État affermi et entre dans l'histoire. En sauvant la royauté du désordre extérieur, il accède au statut de « héros politique ». Mais il lui reste encore à obtenir le pardon de Chimène de qui dépend son salut définitif.

●→ 6 - « *Laisse faire le temps…* »
   acte V, scène 7   p. 90

C'est maintenant l'issue du conflit, qui fait intervenir les quatre personnages principaux dans l'aboutissement de leurs actes. L'infante, que l'on voit au début en « personnage donateur », ce qu'elle confirme au v. 1642, accomplit son geste jusqu'au bout et s'efface, enfin délivrée, dans la grandeur de sa solitude. Rodrigue, offrant sa tête à Chimène pour la troisième fois, ici en présence du roi, continue son ascension, se soumet au monarque de son plein gré et conquiert ainsi son autonomie. Au faîte de sa gloire, grâce à sa vaillance, il conquiert aussi Chimène, « prix de sa victoire », prêt à renouveler pour elle les exploits qu'il évoque encore. À sa fougue répond la discrétion de Chimène, réduite à la seule obéissance envers son roi (v. 1804), obéissance qui n'est pas soumission et qui lui permet, paradoxalement, de contenter son père en ne renonçant pas à Rodrigue. Ce dernier est devenu maintenant, en place du comte, « le rempart de toute la Castille ». Le roi, en dépit d'un pouvoir qui a pu vaciller, confirme sa grandeur : il est celui sans lequel aucune « reconnaissance » n'est possible et l'ordre qu'il a mis en place se trouvant respecté, les conflits intérieurs se résolvent aussi. Intelligence d'un monarque qui a compris que sa souveraineté dépendait de la libre soumission des seigneurs (ce que Richelieu admettait difficilement). Le dernier vers cependant souligne l'indétermination d'une situation dans laquelle le roi manque d'un pouvoir total : à qui appartient le temps sur lequel compte Don Fernand et Rodrigue, riche de son autonomie nouvelle, respectera-t-il le pacte établi ?

Il faut encore parler des bienséances que Corneille avait tant maltraitées en laissant entrevoir un mariage qui scandalisa ses contemporains parce qu'il se disait soucieux de ne pas « contredire l'histoire » et voulait satisfaire son goût personnel. L'Académie proposa alors d'autres dénouements (voir préface, p. 10) que Corneille eut l'intelligence de ne pas retenir.

• LES THÈMES CLÉS

La générosité

Ce mot désigne une qualité qu'on attribue à une âme fière et, pour Corneille et ses contemporains, elle découle de la naissance et ne peut appartenir qu'à la noblesse de race. Cette générosité n'est pas le fait d'une volonté triomphant des passions mais elle naît spontanément de la nature même de l'homme et réside dans une « harmonie du désir et de la liberté ». Générosité d'autant plus grande chez Rodrigue qu'elle l'amène à payer chèrement une dette de sang :

« Ta générosité doit répondre à la mienne » (v. 946).

Il ne faut pas penser que cette générosité corresponde un seul instant à « un silence absolu des passions » et c'est en cela que Corneille s'éloigne de Descartes. Il s'agit de ne pas démériter à ses yeux ni aux yeux du monde et l'ardeur à exprimer ce sentiment emplit toute l'atmosphère de l'époque de Louis XIII, dans laquelle Corneille respire. Le héros accepte ou recherche le sacrifice qui lui permet de faire éclater sa différence.

La gloire

Cette générosité qui conduit à un héroïsme parfois sauvage doit être replacée dans la lumière de la gloire dont elle est inséparable, marque d'une élite à laquelle appartiennent les héros de Corneille. Étroitement liée à la morale de la caste à laquelle appartient Rodrigue, elle s'incarne dans le nom de *Cid* qu'elle illumine pour l'éternité :

> « Après la mort du Comte et les Mores défaits,
> Faudrait-il à ma gloire encore d'autres effets ? »

« Le nom est porteur du "nouveau jour"... c'est en lui que les éclats discontinus de la volonté viennent confondre leur lumière pour n'être plus qu'un unique éclat rayonnant » (J. Starobinski, *L'Œil vivant*, pp. 61-62).

Ce mot de « gloire » apparaît trente-six fois dans la pièce, le plus souvent à la rime, associé à mémoire ou à victoire, sans compter toutes les images au travers desquelles il surgit.

L'amour

On a beaucoup glosé sur Corneille, épris d'un idéal exigeant et austère pour l'opposer au « tendre Racine ». Or, dans *Le Cid*, l'amour tient une place importante et particulière, sentiment étroitement associé et non opposé à la morale de l'honneur. L'amour est conçu comme valeur fondamentale d'une morale des passions. Corneille n'oublie nullement que l'amour est désir, attirance physique, et Rodrigue se montre sensible à la beauté de Chimène :

« Pour posséder Chimène et pour votre service » (v. 1833).

Il faudra, mais pour un temps seulement, sacrifier cet amour, source de plaisir, au maintien d'un ordre aristocratique qui exige avant tout un combat contre soi (voir les stances). Amour violent qui met en présence un homme et une femme dans un combat passionné, dans lequel personne ne peut tricher : on pourrait appliquer à ce combat le mot de Don Diègue à son fils : « Meurs ou tue », rappelant que la vengeance constitue l'organisation sociale de cette société. On est loin de la conception amoureuse que revendique Don Diègue, homme d'un autre âge pour lequel l'amour n'est pas une valeur héroïque :

« Nous n'avons qu'un honneur, il est tant de maîtresses ! » (v. 1058).

Pour Rodrigue et Chimène l'amour est intimement lié à la réalisation de leurs propres valeurs et Rodrigue ne peut trahir la parole donnée à Chimène sans se trahir lui-même, d'où la douleur du conflit :

« L'infamie est pareille, et suit également
Le guerrier sans courage et le perfide amant » (v. 1063-1064).

Le duel et l'interdiction royale

Voir dossier historique et littéraire V. Remarquons seulement qu'en dépit de l'interdiction du duel, rappelée par un édit de 1626, Corneille s'autorise deux duels dans la pièce. Le duel avec Don Gormas voit la réprobation du roi qui n'y assiste pas (v. 1405-1410) et il n'a aucune signification puisque Rodrigue se doit d'épargner Don Sanche dont l'élimination ne servirait en rien sa gloire. Corneille ne fait nullement l'apologie du duel mais il rappelle souvent que seul le sang versé peut venger une offense.

L'indépendance des Grands

En ce début du XVIIᵉ siècle, les Grands s'agitent et l'atmosphère de l'époque est tout entière empreinte de gloire et de générosité, apanage des grands seigneurs. Depuis longtemps la France vit une crise qui menace la monarchie, depuis l'assassinat d'Henri IV en 1610, la régence de Marie de Médicis, peu habile à défendre les intérêts du roi, la révolte de Condé, embastillé en 1616. Les duels se succèdent, menaçant pour le pouvoir et condamnés par l'Église. Mais les exemples de désobéissance sont fameux : François de Montmonrency-Boutteville, célèbre pour ses vingt et un duels, avait quitté la France pour Bruxelles et, lorsqu'il y revient, avec l'autorisation de Louis XIII, il provoque en duel le comte de Beuvron.

Boutteville sera condamné à mort et décapité, en dépit d'interventions nombreuses. Le comte de Chalais, favori de Louis XIII, accusé de conspiration, sera décapité en 1626. La Rivière, le favori de Gaston d'Orléans, est arrêté et le frère du roi lui-même s'enfuit à Blois en 1636 : début d'une petite guerre civile, Fronde avant la lettre qui s'achève en 1637. Le public averti de l'époque se montrait sensible à ces problèmes liés à l'exercice du pouvoir. Don Fernand, chez Corneille, revendique son autorité contre l'indépendance de Don Sanche et la désobéissance du comte tandis que Don Diègue représente les nobles qui respectent le pouvoir du roi. Peut-être Don Fernand donne-t-il à Richelieu une leçon de modération et de diplomatie ?

Cette question amène à considérer une autre allusion à l'actualité dans *Le Cid* : « la question espagnole » qui trouve un écho dans un épisode de la guerre de Trente Ans. Richelieu, après avoir secrètement soutenu les adversaires de la maison d'Autriche, intervient maintenant directement et entre en guerre avec l'Espagne. Défaite de Condé devant Dole, capitulation de Saint-Jean-de-Luz, prise de Corbie (15 août 1636) et menaces sur Paris. Outre cette actualité contemporaine le public de l'époque manifestait un goût réel pour les sujets espagnols.

Ainsi *L'Illusion comique* s'inspire d'un recueil de *Rodomontades espagnoles*, où Matamore, soldat fanfaron tueur de Mores, préfigure sur le mode comique les héros de Corneille.

III - POURSUIVRE

● **LECTURES CROISÉES**

La théorie des passions selon Descartes

Traditionnellement on met en parallèle la générosité cartésienne, exprimée dans *Le Traité des passions de l'âme* (1649), avec la générosité cornélienne. Chez les deux auteurs c'est la raison qui guide la générosité, raison susceptible de déceler les passions aveugles et non raison comme principe de contrainte.

« Je crois que la vraie générosité, qui fait qu'un homme s'estime au plus haut point qu'il se peut légitimement estimer, consiste seulement partie en ce qu'il connaît qu'il n'y a rien qui véritablement lui appartienne que cette libre disposition de ses volontés, ni pourquoi il doive être loué ou blâmé, sinon parce qu'il en use bien ou mal ; et partie en ce qu'il sent en soi-même une ferme et constante résolution d'en bien user, c'est-à-dire de ne manquer jamais de volonté pour entreprendre et exécuter les choses qu'il jugera être les meilleures : ce qui est suivre parfaitement la vertu » (*Traité des passions*, III, 93).

La volonté n'a pas la résonance morale qu'on lui accorde aujourd'hui, elle désigne chez Descartes le libre arbitre, « harmonie du désir et de la liberté… qui se produit dans les âmes généreuses ». Cependant le philosophe ajoute « que la bonne institution sert beaucoup pour corriger les défauts de la naissance, et que, si on s'occupe souvent à considérer ce que c'est que le libre arbitre et combien sont grands les avantages qui viennent de ce qu'on a la ferme résolution d'en bien user, comme aussi d'un autre côté, combien sont vains et inutiles tous les soins qui travaillent les ambitieux, on peut exciter en soi la passion et ensuite acquérir la vertu de générosité ». On voit immédiatement ce qui sépare ces deux auteurs car pour Corneille, il n'y a pas cette contrainte volontaire des passions, la générosité restant un don de naissance appartenant à une noblesse de sang.

La grandeur du renoncement : autour de *La Princesse de Clèves*

Le roman de Mme de La Fayette (Pocket Classiques, n° 6003), en 1678, illustre le conflit du désir et de la raison imposée par la grandeur morale : « Les pensées de la mort lui avaient rapproché la mémoire de M. de Clèves. Ce souvenir qui s'accordait à son devoir, s'imprima fortement dans son cœur. Les passions et les engagements du monde lui parurent tels qu'ils paraissent aux personnes qui ont des vues plus grandes et plus éloignées » (*La Princesse de Clèves*, IV). Mme de Clèves, par cette conception de l'amour, exprime aussi sa peur de la passion, source de désordre et de souffrances. « La fin de l'amour de ce prince (M. de Nemours) et les maux de la jalousie qu'elle croyait infaillibles dans un mariage lui montraient un malheur certain où elle s'allait jeter. »

Mme de La Fayette laisse le lecteur dans l'incertitude : il y a bien une morale du point d'honneur mais aussi « l'intérêt de son repos ». La Rochefoucauld souscrirait à cette dernière raison : « L'honnêteté des femmes est souvent l'amour de leur réputation et de leur repos », maxime qui est à cent lieues de la morale cornélienne.

« La démolition du héros »

L'idéal héroïque de Corneille, propre à l'époque de Louis XIII, exaltant le moi qui place ses ambitions au-dessus de celles du commun des mortels, se voit mettre en péril par deux auteurs différents : Pascal et La Rochefoucauld.

Pascal, affichant clairement son mépris pour le théâtre de Corneille, met à nu ce qu'il considère comme la racine de la grandeur trompeuse des héros : l'amour-propre. « La nature de l'amour-propre et de ce *moi* humain est de n'aimer que soi. Mais que fera-t-il ? Il ne saurait empêcher que cet objet qu'il aime ne soit plein de défauts et de misère ; il veut être grand, il se voit petit ; il veut être parfait et il se voit plein d'imperfections ; il veut être l'objet de l'amour et de l'estime des hommes, et il voit que ses défauts ne méritent que leur aversion et leur mépris » (*Pensées*, 743). L'héroïsme est alors, selon Pascal, une duperie.

On trouve chez La Rochefoucauld, sans la référence à Dieu de Pascal, la même dénonciation : « L'amour-propre est l'amour de soi-même et de toutes choses pour soi ; il rend les hommes idolâtres d'eux-mêmes, et les rendrait les tyrans des autres si la fortune leur en donnait les moyens ; il ne se repose jamais hors de soi, et ne s'arrête dans les sujets étrangers que comme les abeilles sur les fleurs pour en tirer ce qui lui est propre » (*Maximes*, 563).

● PISTES DE RECHERCHES

À partir de l'étude du *Cid*, on peut organiser une réflexion sur **le mythe du héros** qui constitue une des grandes rêveries de l'être

humain. Des nombreuses acceptions de ce mot, nous ne retien-
drons que celle qui est liée à notre désir d'échapper à une vie terne,
exprimant notre volonté de supériorité sur les autres hommes et de
réalisation de nous-même.

Dans le mythe, le héros, né de parents illustres mais ignorant son
origine, se voit confronté, dès sa naissance, à un univers hostile qui
lui permettra de se révéler, « épiphanie » du héros qui le fait reconnaître. Dans l'Antiquité ces héros sont innombrables, souvent issus
d'un dieu qui leur garantit leur grandeur et leur courage : Achille,
Hector, David, dans la Bible, connu comme obscur berger, capable
d'abattre de sa fronde le géant Goliath. (Voir la collection Pocket
Mythologies.) Tous ces héros sont éloignés de ceux de Corneille
mais ils partagent avec eux leur goût pour le défi et la gloire liée aux
exploits. Avec le Moyen Âge, les héros de l'épopée, toujours plus
puissants que nature, affronteront aussi des monstres ou des géants,
dans des combats rapides et violents, par goût pour les exploits
guerriers mais aussi, dans la France du XIIᵉ au XVIIᵉ siècle, pour
satisfaire aux demandes de la Dame, soucieuse d'éprouver leur
vaillance. Ainsi se comporteront Lancelot, Tristan, Roland ou Sieg-
fried (voir dossier historique et littéraire IV, B).

L'époque classique fut passionnée de romans et d'épopées où
l'exaltation héroïque donne naissance à des personnages qui se
partagent entre héroïsme guerrier et raffinements de la galanterie. Le
Cid peut servir de modèle à ce type de héros, sauveur national et
image de vaillance que l'on retrouve dans l'évocation du grand
Condé à la bataille de Rocroi (1643) : « À la nuit qu'il fallut passer
en présence des ennemis, comme un vigilant capitaine, il reposa le
dernier ; mais jamais il ne reposa plus paisiblement. À la veille d'un
si grand jour et dès la première bataille, il est tranquille, tant il se
trouve dans son naturel… Le voyez-vous, comme il vole ou à la victoire ou à la mort ? Aussitôt qu'il eut porté de rang en rang l'ardeur
dont il était animé, on le vit presque en même temps pousser l'aile
droite des ennemis, soutenir la nôtre ébranlée, rallier le Français à
demi vaincu, mettre en fuite l'Espagnol victorieux, porter partout la
terreur, et étonner de ses regards étincelants ceux qui échappaient
à ses coups » (*Oraison funèbre du Grand Condé*, Bossuet).

Le XVIIIᵉ cessa d'admirer les exploits guerriers et il fallut attendre
le romantisme pour restaurer, en le métamorphosant, le héros.

Notre époque continue à l'honorer, héros politiques de Malraux
ou de Camus, simples témoins de la grandeur humaine chez Saint-
Exupéry ou figure du « privé » dans le roman policier : ainsi Philip

Marlowe dans les romans de R. Chandler (immortalisé par H. Bogart). Nous nous attacherons à une seule trace que l'essor du cinéma a amplement élargie : celle du **héros de western**. Ce genre cinématographique voit réapparaître une image de l'homme aux prises avec le sentiment de la justice dans les plaines de l'Ouest. Ce personnage, qui vit aux alentours de 1870, « dernier des gentlemen », se bat avant tout pour affirmer son identité qu'il trouve dans l'honneur à accomplir ce qu'il pense être son devoir. « En affrontant le monde, l'homme cherche d'abord à s'affronter lui-même, à tendre vers un dépassement dans lequel les qualités extrêmes sont mises en jeu » (in *Encyclopaedia Universalis*). Certes, il donne souvent l'impression de vouloir démontrer sa supériorité mais dans un idéal de grandeur individuelle. On lui attribue aussi une valeur exemplaire et il a pu servir à alimenter toute une psychologie collective américaine. À l'image du héros de Corneille, il représente « un idéal d'accomplissement humain et d'équilibre d'une société ». Son apparence physique, impassible, empreinte de douceur, tel Alan Ladd, dans *L'Homme des vallées perdues*, exprime sa dimension spirituelle. Mais, comme la tragédie, le western évolua avec la réalité qui l'entourait. La conquête de l'Ouest avait révélé ses limites : l'extermination des Indiens, l'intervention des Américains dans les guerres civiles du Mexique, le Viêt-nam et la contestation des années 60 influencèrent scénarios et traitement des personnages. Ainsi vit-on le héros sous les traits peu « héroïques » de Dustin Hofmann, dans *Little Big Man*, d'Arthur Penn. Le western perd sa dimension épique et s'intéresse aux problèmes de l'individu confronté à la violence et au racisme. C'est le déclin du surhomme dans une société dont les valeurs ont changé, héros qui ne peut surmonter les contradictions avec le monde qui l'entoure.

« Si [l'homme de l'Ouest] n'avait plus à assurer la justice ni l'ordre, il n'aurait plus de raison d'être. Du reste à mesure que la loi étend son empire sur l'Ouest, force lui est de reconnaître que son époque est révolue... Au fond, ce qu'il défend, c'est la pureté de son image, autrement dit son honneur. Voilà ce qui le rend invulnérable... Il ne se bat ni pour des privilèges ni pour le droit mais pour affirmer son identité. Aussi doit-il vivre dans un monde qui lui en donne la possibilité » (*Le Western. Quand la légende devient réalité*, J.-L. Leutrat, Découvertes Gallimard, p. 117).

Oserons-nous dire que l'échec de l'héroïsme cornélien peut aussi se comprendre comme la difficulté à assumer les contradictions de la morale aristocratique ? Dans ces deux espaces et dans ces deux sociétés, se plier à un ordre des choses ne peut amener qu'à une forme de dégradation.

• PARCOURS CRITIQUE

Dès 1637, Mairet, faisant parler Guilhem de Castro : « Ingrat ! rends-moi mon *Cid* jusques au dernier mot / Après tu connaîtras, corneille déplumée, / Que l'esprit le plus vain est souvent le plus sot / Et qu'enfin tu me dois toute ta renommée » (*Épître familière du Sieur Mairet au Sieur Corneille*). Voir dossier historique et littéraire II, La querelle du *Cid*.

En 1689, La Bruyère (I, 54) : « Corneille ne peut être égalé dans les endroits où il excelle : il a pour lors un caractère original et inimitable ; mais il est inégal… Ce qu'il y a en lui de plus éminent, c'est l'esprit qu'il avait sublime, auquel il a été redevable de certains vers, les plus heureux qu'on ait jamais vus ailleurs, de la conduite de son théâtre, qu'il a quelquefois hasardée contre les règles des anciens, et enfin de ses dénouements… Quelle plus grande tendresse que celle qui est répandue dans tout *Le Cid*, dans *Polyeucte* et dans *Les Horaces* ? »

Voltaire, en 1774, écrivait : « On ne connaissait point encore ce combat des passions qui déchire le cœur, et devant lequel toutes les autres beautés de l'art ne sont que des beautés inanimées » (*Remarques sur « Le Cid »*).

Pour Sainte-Beuve, « un jeune homme qui n'admirerait point *Le Cid* serait bien malheureux ; il manquerait à la passion et à la vocation de son âge » (*Critiques et portraits littéraires*, 1832). Doubrovsky, dans *Corneille et la dialectique du héros*, conclut : « Contre la tradition, qui voit dans le théâtre de Corneille l'exemple le plus éclatant du triomphe de l'homme, la réussite officielle de la volonté, il faudra arriver à la conclusion inverse : la reprise en main totale de notre condition naturelle, qui est au cœur du dessein héroïque, et que les personnages de Corneille, de toutes leurs forces, tentent d'accomplir n'est qu'une chimère. Du coup, le théâtre cornélien en devient une immense et douloureuse tragédie » (p. 29).

• UN LIVRE / UN FILM

Pour la filmographie, se reporter au dossier historique et littéraire, p. 190.

DOSSIER HISTORIQUE ET LITTÉRAIRE

I - REPÈRES BIOGRAPHIQUES ET CHRONOLOGIE DU THÉÂTRE CORNÉLIEN 94

II - LA QUERELLE DU *CID* - JUGEMENTS SUR LA QUERELLE DU *CID* 98

III - LA *RECONQUISTA* ESPAGNOLE ET LE PERSONNAGE HISTORIQUE DU CID 116

IV - LE CID AVANT ET APRÈS *LE CID* :
  A. Le Cid espagnol 118
  B. Les suites du *Cid* 122

V - LE DUEL :
  A. Dossier historique 156
  B. Le duel en cause 158
  C. Anthologie des scènes de duel 161

VI - ASPECTS DU THÉÂTRE AU XVIIᵉ SIÈCLE : LES GRANDES REPRÉSENTATIONS DU *CID* . 175

VII - GLOSSAIRE 188

VIII - ÉLÉMENTS BIBLIOGRAPHIQUES 189

IX - DISCOGRAPHIE 190

X - FILMOGRAPHIE 190

I - REPÈRES BIOGRAPHIQUES

1602   6 juin : naissance de Pierre Corneille, rue de la Pie, à Rouen, fils aîné de Pierre Corneille, maître des eaux et forêts de la vicomté de Rouen, et de Marthe Le Pesant, fille d'un avocat rouennais. Cinq frères et sœurs naîtront ensuite, dont Thomas et Marthe, mère de Fontenelle.

1615-1622   Études au collège des jésuites de Rouen.

1624   Licencié en droit, entre comme avocat stagiaire au parlement de Rouen.

1628   Son père lui achète deux offices d'avocat du roi.

1629   Entre en fonction.
Fait jouer sa première pièce à Paris : *Mélite*.

1631   *Clitandre*.

1632   *La Veuve*.

1633   *La Galerie du Palais*.

1634   *La Suivante, La Place Royale*.

1635   Première tragédie de Corneille : *Médée*.
La Comédie des Tuileries.
Fondation de l'Académie française par Richelieu.

1636   *L'Illusion comique*.

1637   Janvier : *Le Cid*. Débuts de la querelle du *Cid* [1].

1639   Février : mort de Pierre Corneille le père.

1640   *Horace*.

1641   Corneille épouse Marie de Lampérière, fille du lieutenant particulier des Andelys. Leur fille aînée naît l'année suivante.

---

1. Sur la querelle du *Cid*, voir dossier pp. 98 et sqq.

1642 *Cinna.*

1643 *Polyeucte* ; *La Mort de Pompée.*
14 mai : mort de Louis XIII.

1644 12 août : échec de Corneille à l'Académie française.
Le Menteur ; *La Suite du Menteur.*

1645 *Rodogune.*

1646 *Théodore, vierge et martyre.*

1647 *Héraclius.*
22 janvier : Corneille est reçu à l'Académie française à la place de Maynard.

1648 Mai : début de la Fronde parlementaire.

1649 Janvier : la reine, le jeune roi et la cour quittent Paris et s'installent à Saint-Germain-en-Laye.
Août : retour du roi à Paris.

1650 *Don Sanche d'Aragon* ; *Andromède.*
Corneille nommé par le roi procureur des États de Normandie, pour sa « fidélité et affection ».

1651 *Nicomède* ; *Pertharite.*
Mars : Corneille perd sa fonction de procureur. Il reste désormais sans emploi officiel.

1652 Barricades dans Paris. La Fronde des Princes aboutit en novembre à une déclaration royale contre Condé, Conti, la duchesse de Longueville, La Rochefoucauld, déchus de leurs honneurs.
Corneille traduit en vers *L'Imitation de Jésus-Christ.*

1653 Rétablissement général de l'autorité royale. Retour de Mazarin à Paris.

1656 Publication de la traduction complète de *L'Imitation de Jésus-Christ.*

1658 La troupe de Molière séjourne à Rouen, et les frères Corneille courtisent la Du Parc. Ils écrivent des vers galants, connus sous le nom de « Poésies à la Marquise ».

1659 *Œdipe* (sujet proposé par Fouquet, qui protège Corneille).
7 novembre : paix des Pyrénées.

1660 *La Toison d'Or.*

1661 Mort de Mazarin.
Septembre : arrestation de Fouquet.

1662 *Sertorius.*
Installation des frères Corneille à Paris.

1663 *Sophonisbe.*

1664 *Othon.*
Racine donne sa première pièce, *La Thébaïde.*

1666 *Agésilas.*

1667 *Attila.*

1668 *Dissertation* de Saint-Évremond sur l'*Alexandre* de Racine : elle comprend le premier des parallèles entre Corneille et Racine.

1669 Traduction en vers et prose de l'*Office de la Vierge.*

1670 13 décembre : première de *Britannicus* de Racine : les hostilités entre les deux dramaturges sont ouvertes.

Novembre : *Bérénice* de Racine.
Tite et Bérénice de Corneille.

1671 *Psyché.*

1672 *Pulchérie.*

1673 Mort de Molière.

1674 *Suréna.*

1684 1er octobre : mort de Corneille.

1692 Édition du théâtre de Pierre Corneille par son frère Thomas.

1709 Mort de Thomas Corneille.

CHRONOLOGIE DU THÉÂTRE CORNÉLIEN

1629 *Mélite*, comédie.
1631 *Clitandre ou l'innocence délivrée*, tragi-comédie.
1632 *La Veuve ou le traître trahi*, comédie.
1633 *La Galerie du Palais*, comédie.
1634 *La Suivante*, comédie.
     La Place Royale, comédie.
1635 *Médée*, tragédie.
     La Comédie des Tuileries, comédie.
1636 *L'Illusion comique*, comédie.
1637 *Le Cid*, tragi-comédie.
1640 *Horace*, tragédie.
1642 *Cinna*, tragédie.
1643 *Polyeucte*, tragédie.
     La Mort de Pompée, tragédie.
1644 *Le Menteur*, comédie.
     La Suite du Menteur, comédie.
1645 *Rodogune*, tragédie.
1646 *Théodore, vierge et martyre*, tragédie.
1647 *Héraclius*, tragédie.
1650 *Andromède*, tragédie à machines.
1651 *Nicomède*, tragédie.
     Pertharite, tragédie.
1658 *Œdipe*, tragédie.
1661 *La Toison d'or*, tragédie à machines.
1662 *Sertorius*, tragédie.
1664 *Othon*, tragédie.
1666 *Agésilas*, tragédie galante.
1667 *Attila*, tragédie.
1670 *Tite et Bérénice*, comédie héroïque.
1671 *Psyché*, comédie-ballet.
1672 *Pulchérie*, comédie héroïque.
1674 *Suréna*, tragédie.

ŒUVRES CRITIQUES

1644 *Avis au lecteur*.
1648 *Avis au lecteur*.
1660 *Discours du poème dramatique, Discours de la tragédie, Discours des trois unités*.
1663 *Avis au lecteur*.

LES CLÉS DE L'ŒUVRE : II - DOSSIER HISTORIQUE ET LITTÉRAIRE

II - LA QUERELLE DU *CID*

Vers le 20 février 1637, Corneille fit circuler un poème de cent quatre vers, jugé d'un orgueil outrancier par ses contemporains : cette Excuse à Ariste *fut le point de départ de la querelle. En voici le passage central :*

> Je sais ce que je vaux, et crois ce qu'on m'en dit.
> Pour me faire admirer je ne fais point de ligue ;
> J'ai peu de voix pour moi, mais je les ai sans brigue ;
> Et mon ambition, pour faire plus de bruit,
> Ne les va point quêter de réduit en réduit ;
> Mon travail sans appui monte sur le théâtre ;
> Chacun en liberté l'y blâme ou l'idolâtre ;
> Là, sans que mes amis prêchent leurs sentiments,
> J'arrache quelquefois trop d'applaudissements ;
> Là, content du succès que le mérite donne,
> Par d'illustres avis je n'éblouis personne :
> Je satisfais ensemble et peuple et courtisans,
> Et mes vers en tous lieux sont mes seuls partisans ;
> Par leur seule beauté ma plume est estimée :
> Je ne dois qu'à moi seul toute ma renommée
> Et pense toutefois n'avoir point de rival
> À qui je fasse tort en le traitant d'égal.

Mairet riposte en attaquant Corneille, ne lui reconnaissant comme mérite que d'avoir traduit, et « d'un vers assez faible », Guillén de Castro. Composé de six sizains, ce pamphlet, intitulé : « L'auteur du vrai Cid espagnol à son traducteur français », était signé don Balthazar de la Verdad :

> [...] Tu ne dois te vanter en ce fameux ouvrage
> Que d'un vers assez faible en ton propre langage,
> Qui par ton ignorance ôte l'honneur au mien,
> (Tant sa force et sa grâce, en est mal exprimée)
> Cependant orgueilleux et riche de mon bien,
> Tu dis que ton mérite a fait ta renommée.
>
> Bien, bien, j'irai paraître avec toute assurance,
> Parmi les courtisans et le peuple de France,

Avec un Privilège et Passeport du Roi ;
Alors ma propre gloire, en ta langue imprimée,
Découvrira ta honte, et mon Cid fera foi
Que le tien lui devait toute sa renommée.

Donc, fier de mon plumage, en Corneille d'Horace,
Ne prétends plus voler plus haut que le Parnasse,
Ingrat, rends-moi mon Cid jusques au dernier mot ;
Après tu connaîtras, Corneille déplumée,
Que l'esprit le plus vain est souvent le plus sot,
Et qu'enfin tu me dois toute ta renommée.

À ces injures personnelles, la « Corneille déplumée » riposta immédiatement par un acerbe Rondeau :

Qu'il fasse mieux, ce jeune jouvencel,
À qui le *Cid* donne tant de martel,
Que d'entasser injure sur injure,
Rimer de rage une lourde imposture,
Et se cacher ainsi qu'un criminel.

Chacun connaît son jaloux naturel,
Le montre au doigt comme un fou solennel,
Et ne croit pas, en sa bonne écriture,
          Qu'il fasse mieux.
Paris entier ayant lu son cartel,
L'envoie au diable, et sa muse au bordel.
Moi, j'ai pitié des peines qu'il endure,
Et comme ami, je le prie et conjure,
S'il veut ternir un ouvrage immortel,
          Qu'il fasse mieux.

Omnibus invideas, livide ; nemo tibi [1].

Le 1er avril, Georges de Scudéry, volant au secours de Mairet, publia ses Observations sur le Cid. *En dépit du caractère injurieux de l'introduction (« Il est de certaines pièces comme de certains animaux qui sont en la nature, qui de loin semblent des étoiles, et qui de près ne sont que des vermisseaux »), ce pamphlet sévère (voir préface, p. 6) eut le mérite d'ouvrir le débat littéraire.*

Scudéry reproche à Corneille son manque d'invention : la pièce ne comporte ni intrigue, ni nœud : le spectateur « le moins clairvoyant devine la fin de cette aventure dès le début ». La pièce choque la vraisemblance : on ne peut admettre, selon lui, que

---

1. « Sois jaloux de tout le monde, pauvre bilieux ; mais que personne ne sois jaloux de toi » (Martial, I, 22).

Chimène épouse le meurtrier de son père : « cet événement était bon pour l'historien, mais ne valait rien pour le poète ». *La règle de l'unité de temps est violée : il n'est pas crédible qu'autant d'événements aient lieu dans l'espace de vingt-quatre heures (*« vingt-quatre ans suffiraient à peine », *persifle-t-il).*

Le Cid *assure le triomphe du vice, mettant sur la scène un parricide et un mariage contre nature :* « il est une instruction au mal, un aiguillon pour nous y pousser ».

Puis Scudéry relève les défauts dramaturgiques, s'en prenant surtout à la première visite de Rodrigue à Chimène : la scène est qualifiée « d'épouvantable procédure ».

Plusieurs pages, ensuite, sont consacrées au catalogue des « méchants vers ». *Enfin, Scudéry argumente sur les emprunts de Corneille à Guillén de Castro* [1], *l'accusant de plagiat :* « Le Cid *est une comédie espagnole, dont presque tout l'ordre, scène par scène et toutes les pensées dans la française, sont tirées. »*

Corneille répond à son accusateur, sans véritablement entrer dans le débat :

LETTRE APOLOGÉTIQUE DU SIEUR CORNEILLE
Contenant sa réponse aux *Observations* faites par le sieur Scudéry sur *Le Cid.*

Monsieur,

Il ne vous suffit pas que votre libelle me déchire en public ; vos lettres me viennent quereller jusque dans mon cabinet et vous m'envoyez d'injustes accusations, lorsque vous me devez pour le moins des excuses. Je n'ai point fait la pièce qui vous pique, je l'ai reçue de Paris avec une lettre qui m'a appris le nom de son auteur ; il l'adresse à un de nos amis, qui vous en pourra donner plus de lumière. Pour moi, bien que je n'aye guère de jugement, si l'on s'en rapporte à vous, je n'en ai pas si peu que d'offenser une personne de si haute condition, dont je n'ai pas l'honneur d'être connu, et de craindre moins ses ressentiments que les vôtres. Tout ce que je vous puis dire, c'est que je ne doute ni de votre noblesse, ni de votre vaillance, et qu'aux choses de cette nature, où je n'ai point d'intérêt, je crois le monde sur sa parole : ne mêlons point de pareilles difficultés parmi nos différends. Il n'est pas question de savoir de combien vous êtes noble ou plus vaillant que moi, pour juger de combien *Le Cid* est meilleur que *L'Amant libéral* [2]. Les bons esprits trouvent que vous

1. Voir dossier, p. 119.
2. Pièce donnée en 1636 par Scudéry.

avez fait un haut chef-d'œuvre de doctrine et de raisonnement en vos *Observations*. La modestie et la générosité que vous y témoignez leur semblent des pièces rares, et surtout votre procédé merveilleusement sincère et cordial vers un ami. Vous protestez de ne me dire point d'injures, et lorsqu'incontinent après vous m'accusez d'ignorance en mon métier, et de manque de jugement en la conduite de mon chef-d'œuvre, vous appelez cela des civilités d'auteur ? Je n'aurais besoin que du texte de votre libelle, et des contradictions qui s'y rencontrent, pour vous convaincre de l'un et de l'autre de ces défauts, et imprimer sur votre casaque le quatrain outrageux que vous avez voulu attacher à la mienne, si le même texte ne me faisait voir que l'éloge d'*auteur d'heureuse mémoire* ne vous peut être propre, en m'apprenant que vous manquez aussi de cette partie, quand vous vous êtes écrié : *Ô raison de l'auditeur, que faisiez-vous ?* En faisant cette magnifique saillie, ne vous êtes-vous pas souvenu que *Le Cid* a été représenté trois fois au Louvre, et deux fois à l'hôtel de Richelieu ? Quand vous avez traité la pauvre Chimène d'impudique, de prostituée, de parricide, de monstre, ne vous êtes-vous pas souvenu que la Reine, les princesses et les plus vertueuses dames de la cour et de Paris l'ont reçue et caressée en fille d'honneur ? [...]

Vous m'avez voulu faire passer pour simple traducteur, sous ombre de soixante et douze vers que vous marquez sur un ouvrage de deux mille, et que ceux qui s'y connaissent n'appelleront jamais de simples traductions ; vous avez déclamé contre moi, pour avoir tu le nom de l'auteur espagnol, bien que vous ne l'ayez appris que de moi, et que vous sachiez fort bien que je ne l'ai celé à personne, et que même j'en ai porté l'original en sa langue à Monseigneur le Cardinal, votre maître et le mien [...]. Tant que vous ne m'attaquerez pas avec des raisons plus solides, vous ne me mettrez point en nécessité de me défendre, et de ma part je verrai, avec mes amis, si ce que votre libelle vous a laissé de réputation vaut que j'achève de la ruiner. Quand vous me demanderez mon amitié avec des termes plus civils, j'ai assez de bonté pour ne vous la refuser pas, et me taire des défauts de votre esprit que vous étalez dans vos livres. Jusque-là, je suis assez glorieux pour vous dire de porte à porte que je ne vous crains ni ne vous aime. Après tout, pour vous parler sérieusement et vous montrer que je ne suis pas si piqué que vous pourriez vous imaginer, il ne tiendra pas à moi que nous ne reprenions la bonne intelligence du passé que vous souhaitez. Mais après une offense si publique, il y faut un peu de cérémonie : je ne vous la rendrai pas malaisée, et donnerai tous mes intérêts à qui que vous voudrez de vos amis ; et je m'assure que si un homme se pouvait faire satisfaction du tort qu'il s'est fait, il vous condamnerait à vous la faire à vous-même, plutôt qu'à moi qui ne vous en demande point, et à qui la lecture de vos *Observations* n'a donné aucun mouvement que de compassion. [...]

Les pamphlets continuent à pleuvoir dans les deux camps, tandis que le théâtre du Marais [1] *fait salle comble. Le cardinal de Richelieu, qui désapprouvait* Le Cid, *demande toutefois à Mairet et à ses compagnons de cesser leurs attaques, réduites à de stériles insultes. Sur ses conseils, Scudéry porte l'affaire devant l'Académie française, récemment créée par le cardinal, et sollicite son arbitrage.*

Trois commissaires sont nommés : Bourzets, Chapelain et Desmarets. Chapelain, bien embarrassé, est chargé de rédiger le rapport, cependant que la bataille a repris de plus belle. Enfin, en décembre 1637, paraissent, sous la forme d'une longue dissertation de 192 pages, les Sentiments de l'Académie française sur la tragi-comédie du Cid. *En voici la conclusion :*

« Enfin nous concluons qu'encore que le sujet du *Cid* ne soit pas bon, qu'il pêche par son dénouement, qu'il soit chargé d'épisodes inutiles, que la bienséance y manque en beaucoup de lieux, aussi bien que la bonne disposition du théâtre, et qu'il ait beaucoup de vers bas et de façons de parler impures ; néanmoins la naïveté et la violence de ses passions, la force et la délicatesse de plusieurs de ses pensées, et cet agrément inexplicable qui se mêle dans tous ses défauts, lui ont acquis un rang considérable entre les poèmes français de ce genre qui ont donné le plus de satisfaction. Si son auteur ne doit pas toute sa réputation à son mérite, il ne la doit pas toute à son bonheur, et la nature lui a été assez libérale pour excuser la Fortune si elle lui a été prodigue. »

Corneille fut déçu par le jugement de l'Académie, mais fut dissuadé d'y répondre. Sur les conseils de Boisrobert, il s'inclina. Mais on peut considérer que la querelle du Cid *ne prend fin qu'avec les deux éditions du* Cid *de 1648 et de 1660.*

L'édition de 1648 est précédée d'un Avertissement *important. Corneille établit que le mariage de Chimène est bien historique, répondant ainsi à l'objection fondamentale des académiciens concernant la règle de la vraisemblance :*

1. Voir dossier, p. 177.

MARIANA
Historia de España, 1, IV, chap. v.

« Avia pocos dias antes hecho campo con D. Gomez, conde de Gormas. Vencióle, y dióle la muerte. La que resultó deste caso, fué que casó con doña Ximena, hija y heredera del mismo condé. Ella misma requirió al rey que se le diesse por marido (ca estaua muy prendada de sus partes) o le castigasse conforme a las leyes, por la muerte que dio a su padre. Hizóse el casamiento, que a todos estaua á cuento, con el qual por el gran dote de su esposa, que se allegó al estado que el tenia de su padre, se aumentó en poder y riquezas. »

Voilà ce qu'a prêté l'histoire à D. Guillén de Castro, qui a mis ce fameux événement sur le théâtre avant moi. Ceux qui entendent l'espagnol y remarqueront deux circonstances : l'une, que Chimène ne pouvant s'empêcher de reconnaître et d'aimer les belles qualités qu'elle voyait en D. Rodrigue, quoiqu'il eût tué son père *(estaua prendada de sus partes)*, alla proposer elle-même au roi cette généreuse alternative, ou qu'il le lui donnât pour mari, ou qu'il le fît punir suivant les lois ; l'autre, que ce mariage se fit au gré de tout le monde *(a todos estaua a cuento)*. Deux chroniques du *Cid* ajoutent qu'il fut célébré par l'archevêque de Séville, en présence du roi et de toute sa cour ; mais je me suis contenté du texte de l'historien, parce que toutes les deux ont quelque chose qui sent le roman, et peuvent ne persuader pas davantage que celles que nos Français ont faites de Charlemagne et de Roland. Ce que j'ai rapporté de Mariana suffit pour faire voir l'état qu'on fit de Chimène et de son mariage dans son siècle même, où elle vécut en un tel éclat, que les rois d'Aragon et de Navarre tinrent à l'honneur d'être ses gendres, en épousant ses deux filles. Quelques-uns ne l'ont pas si bien traitée dans le nôtre, et sans parler de ce qu'on a dit de la Chimène du théâtre, celui qui a composé l'histoire d'Espagne en français l'a notée, dans son livre, de s'être tôt et aisément consolée de la mort de son père, et a voulu taxer de légèreté une action qui fut imputée à grandeur de courage par ceux qui en furent les témoins. Deux romances espagnoles, que je vous donnerai en suite de cet *Avertissement*, parlent encore plus en sa faveur. Ces sortes de petits poèmes sont comme des originaux décousus de leurs anciennes histoires ; et je serais ingrat envers la mémoire de cette héroïne, si, après l'avoir fait connaître en France, et m'y être fait connaître par elle, je ne tâchais de la tirer de la honte qu'on lui a voulu faire, parce qu'elle a passé par mes mains. Je vous donne donc ces pièces justificatives de la réputation où elle a vécu, sans dessein de justifier la façon dont je l'ai fait parler français. Le temps l'a fait pour moi, et les traductions qu'on en a faites en toutes les langues qui servent aujourd'hui à la scène, et chez tous les peuples où l'on voit des théâtres, je veux dire en italien, flamand et anglais, sont d'assez glorieuses apologies contre tout ce qu'on en a dit. Je n'y ajouterai pour toute chose que qu'environ une douzaine de vers espagnols qui semblent faits exprès pour la défendre. Ils sont du même auteur qui l'a traitée avant moi, D. Guillén de Castro, qui, dans

une autre comédie qu'il intitule *Engañar se engañando*, fait dire à une
princesse de Béarn :

> A mirar
> Bien el mundo, que el tener
> Apetitos que vencer,
> Y ocasiones que dexar.
> Examinan el valor
> En la muger, yo dixera
> Lo que siento, porque fuera
> Luzimiento de mi honor.
> Pero malicias fundadas
> En honras mal entendidas
> De tentaciones vencidas
> Hazen culpas declaradas :
> Yassi, la que el dessear
> Con el resistir appunta,
> Vence dos vezes, si junta
> Con el resistir el callar.

C'est, si je ne me trompe, comme agit Chimène dans mon ouvrage
en présence du roi et de l'infante. Je dis en présence du roi et de l'infante,
parce que quand elle est seule, ou avec sa confidente, ou avec son amant,
c'est une autre chose. Ses mœurs sont inégalement égales, pour parler
en termes de notre Aristote, et changent suivant les circonstances des
lieux, des personnes, des temps et des occasions, en conservant toujours
le même principe.

Au reste, je me sens obligé de désabuser le public de deux erreurs qui
s'y sont glissées touchant cette tragédie, et qui semblent avoir été auto-
risées par mon silence. La première est que j'aie convenu de juges touchant son mérite, et m'en sois rapporté au sentiment de ceux qu'on a
priés d'en juger. Je m'en tairais encore, si ce faux bruit n'avait été jusque chez M. de Balzac dans sa province, ou, pour me servir de ses paroles mêmes, dans son désert, et si je n'en avais vu depuis peu les marques
dans cette admirable lettre qu'il a écrite sur ce sujet, et qui ne fait pas
la moindre richesse des deux derniers trésors qu'il nous a donnés. Or,
comme tout ce qui part de sa plume regarde toute la postérité, maintenant que mon nom est assuré de passer jusqu'à elle dans cette lettre
incomparable, il me serait honteux qu'il y passât avec cette tache, et qu'on
pût à jamais me reprocher d'avoir compromis de ma réputation. C'est
une chose qui jusqu'à présent est sans exemple ; et de tous ceux qui ont
été attaqués comme moi, aucun que je sache n'a eu assez de faiblesse
pour convenir d'arbitres avec ses censeurs ; et s'ils ont laissé tout le monde
dans la liberté publique d'en juger, ainsi que j'ai fait, ça été sans s'obliger,
non plus que moi, à en croire personne. Outre que, dans la conjoncture
où étaient alors les affaires du *Cid*, il ne fallait pas être grand devin pour
prévoir ce que nous en avons vu arriver. À moins que d'être tout à fait
stupide, on ne pouvait pas ignorer que, comme les questions de cette

nature ne concernent ni la religion, ni l'État, on en peut décider par les règles de la prudence humaine, aussi bien que par celles du théâtre, et tourner sans scrupule le sens du bon Aristote du côté de la politique. Ce n'est pas que je sache si ceux qui ont jugé du *Cid* en ont jugé suivant leur sentiment ou non, ni même que je veuille dire qu'ils en aient bien ou mal jugé, mais seulement que ce n'a jamais été de mon consentement qu'ils en ont jugé, et que peut-être je l'aurais justifié sans beaucoup de peine, si la même raison qui les a fait parler ne m'avait obligé à me taire. Aristote ne s'est pas expliqué si clairement dans sa *Poétique*, que nous n'en puissions faire ainsi que les philosophes, qui le tirent chacun à leur parti dans leurs opinions contraires ; et comme c'est un pays inconnu pour beaucoup de monde, les plus zélés partisans du *Cid* en ont cru ses censeurs sur leur parole, et se sont imaginé avoir pleinement satisfait à toutes leurs objections, quand ils ont soutenu qu'il importait peu qu'il fût selon les règles d'Aristote et qu'Aristote en avait fait pour son siècle et pour des Grecs, et non pas pour le nôtre et pour des Français.

Cette seconde erreur, que mon silence a affermie, n'est pas moins injurieuse à Aristote qu'à moi. Ce grand homme a traité la poétique avec tant d'adresse et de jugement, que les préceptes qu'il nous en a laissés sont de tous les temps et de tous les peuples ; et bien loin de s'amuser au détail des bienséances et des agréments, qui peuvent être divers, selon que ces deux circonstances sont diverses, il a été droit aux mouvements de l'âme dont la nature ne change point. Il a montré quelles passions la tragédie doit exciter dans celles de ses auditeurs ; il a cherché quelles conditions sont nécessaires, et aux personnes qu'on introduit, et aux événements qu'on représente, pour les y faire naître ; il en a laissé des moyens qui auraient produit leur effet partout dès la création du monde, et qui seront capables de le produire encore partout, tant qu'il y aura des théâtres et des acteurs ; et pour le reste, que les lieux et les temps peuvent changer, il l'a négligé et n'a pas même prescrit le nombre des actes, qui n'a été réglé que par Horace beaucoup après lui.

Et certes, je serais le premier qui condamnerais *Le Cid*, s'il péchait contre ces grandes et souveraines maximes que nous tenons de ce philosophe ; mais bien loin d'en demeurer d'accord, j'ose dire que cet heureux poème n'a si extraordinairement réussi que parce qu'on y voit les deux maîtresses conditions (permettez-moi cette épithète) que demande ce grand maître aux excellentes tragédies, et qui se trouvent si rarement assemblées dans un même ouvrage, qu'un des plus doctes commentateurs de ce divin traité qu'il en a fait, soutient que toute l'Antiquité ne les a vues se rencontrer que dans le seul *Œdipe*. La première est que celui qui souffre et est persécuté ne soit ni tout méchant, ni tout vertueux, mais un homme plus vertueux que méchant, qui, par quelque trait de faiblesse humaine qui ne soit pas un crime, tombe dans un malheur qu'il ne mérite pas ; l'autre, que la persécution et le péril ne viennent point d'un ennemi, ni d'un indifférent, mais d'une personne qui doive aimer celui qui souffre et en être aimée. Et voilà, pour en parler sainement, la véritable et seule cause de tout le succès du *Cid*, en qui l'on ne peut méconnaître ces deux conditions, sans s'aveugler soi-même, pour lui faire injustice. J'achève donc en m'acquittant de ma parole ; et après vous avoir dit en passant ces deux mots pour le Cid du théâtre, je vous donne, en faveur de la Chimène de l'histoire, les deux romances que je vous ai promises.

J'oubliais à vous dire que quantité de mes amis ayant jugé à propos que je rendisse compte au public de ce que j'avais emprunté de l'auteur espagnol dans cet ouvrage, et m'ayant témoigné le souhaiter, j'ai bien voulu leur donner cette satisfaction. Vous trouverez donc tout ce que j'en ai traduit imprimé d'une autre lettre, avec un chiffre au commencement, qui servira de marque de renvoi pour trouver les vers espagnols au bas de la même page. Je garderai ce même ordre dans *La Mort de Pompée*, pour les vers de Lucain, ce qui n'empêchera pas que je ne continue aussi ce même changement de lettre toutes les fois que mes acteurs rapportent quelque chose qui s'est dit ailleurs que sur le théâtre, où vous n'imputerez rien qu'à moi si vous n'y voyez ce chiffre pour marque, et le texte d'un autre auteur au-dessous.

ROMANCE PRIMERO

Delante el rey de León
Doña Ximena una tarde
Se pone á pedir justicia
Por la muerte de su padre.

Para contra el Cid la pide,
Don Rodrigo de Bivare,
Que huerfana la dexó,
Niña, y de muy poca edade.

Si tengo razon, ó non,
Bien, rey, lo alcanzas y sabes,
Que los negocios de honra
No pueden dissimularse.

Cada día que amanece
Veo al lobo de mi sangre
Caballero en un caballo
Por darme mayor pesare.

Mandale, buen rey, pues puedes
Que no me ronde mi calle,
Que no se venga en mugeres
El hombre que mucho vale.

Si mi padre afrentó al suyo,
Bien ha vengado á su padre,
Que si honras pagaron muertes,
Para su disculpa bastan.

Encommendada me tienes,
No consientas que me agravien,
Que el que á mi se fiziere,
A tu corona se faze.

Calledes, doña Ximena,
Que me dades pena grande,
Que yo dare buen remedio,
Para todos vuestros males.

Al Cid no le he de ofender,
Que es hombre que mucho vale,
Y me defiende mis reynos,
Y quiero que me los guarde.

Pero yo faré un partido
Con el, que no os este male,
De tomalle la palabra
Para que con vos se case.

Contenta quedó Ximena,
Con la merced que le faze,
Que quien huerfana la fizó
Aquesse mesmo la ampare.

ROMANCE SEGUNDO

A Ximena y á Rodrigo
Prendió el rey palabra, y mano,
De juntarlos para en uno
En presencia de Layn Calvo.

Las enemistades viejas
Con amor se conformaron,
Que donde preside el amor
Se olvidan muchos agravios.
....
Llegaron juntos los novios,
Y al dar la mano, y abraco,
El Cid mirando á la novia,
Le dixó toto turbado.

Maté á tu padre, Ximena,
Pero no á desaguisado,
Matéle de hombre à hombre,
Para vengar cierto agravio.

Maté hombre, y hombre doy,
Aqui estoy á tu mandado.
Y en lugar del muerto padre
Cobraste un marido honrado.

A todos pareció bien,
Su discrecion ala baron,
Y assi se hizieron las bodas
De Rodrigo el Castellano.

Par ailleurs, Corneille intitule Le Cid *« tragédie », et les vers pris à Guillén de Castro sont imprimés en italique, tandis que les vers espagnols figurent en note, en bas de page.*

L'édition de 1660 donne à la pièce son aspect définitif et procède à des modifications importantes : Corneille s'est rallié à l'idée que le mariage de Chimène, pourtant historique, pêche contre la bienséance, et donc contre la vraisemblance. Le poète fait subir à la dernière scène des retouches qui rendent la séparation entre les amants possible, en ajoutant deux vers dans la bouche de Chimène :

« Et quand de mon devoir vous voulez cet effort,
Toute votre justice en est-elle d'accord ? »

Chimène refuse d'admettre que le jugement du roi est définitif.

Cette édition est précédée d'un Examen :

EXAMEN

Ce poème a tant d'avantages du côté du sujet et des pensées brillantes dont il est semé, que la plupart de ses auditeurs n'ont pas voulu voir les défauts de sa conduite, et ont laissé enlever leurs suffrages au plaisir que leur a donné sa représentation. Bien que ce soit celui de tous mes ouvrages réguliers où je me suis permis le plus de licence, il passe encore pour le plus beau auprès de ceux qui ne s'attachent pas à la dernière sévérité des règles, et depuis cinquante ans qu'il tient sa place sur nos théâtres, l'histoire ni l'effort de l'imagination n'y ont rien fait voir qui en ait effacé l'éclat. Aussi a-t-il les deux grandes conditions que demande Aristote aux tragédies parfaites, et dont l'assemblage se rencontre si rarement chez les anciens ni chez les modernes ; il les assemble même plus fortement et plus noblement que les espèces que pose ce philosophe. Une maîtresse que son devoir force à poursuivre la mort de son amant, qu'elle tremble d'obtenir, a les passions plus vives et plus allumées que tout ce qui peut se passer entre un mari et sa femme, une mère et son fils, un frère et sa sœur, et la haute vertu dans un naturel sensible à ses passions, qu'elle dompte sans les affaiblir, et à qui elle laisse toute leur force pour en triompher plus glorieusement, a quelque chose de plus touchant, de plus élevé et de plus aimable que cette médiocre bonté, capable d'une faiblesse et même d'un crime, où nos anciens étaient contraints d'arrêter le caractère le plus parfait des rois et des princes dont ils faisaient leurs héros, afin que ces taches et ces forfaits, défigurant ce qu'ils leur laissaient de vertu, s'accommodassent au goût et aux souhaits de leurs spectateurs, et fortifiassent l'horreur qu'ils avaient conçue de leur domination et de la monarchie.

Rodrigue suit ici son devoir sans rien relâcher de sa passion : Chimène fait la même chose à son tour, sans laisser ébranler son dessein par la douleur où elle se voit abîmée par là, et si la présence de son amant lui fait faire quelque faux pas, c'est une glissade dont elle se relève à l'heure même ; et non seulement elle connaît si bien sa faute qu'elle nous en avertit, mais elle fait un prompt désaveu de tout ce qu'une vue si chère lui a pu arracher. Il n'est point besoin qu'on lui reproche qu'il lui est honteux de souffrir l'entretien de son amant après qu'il a tué son père ; elle avoue que c'est la seule prise que la médisance aura sur elle. Si elle s'emporte jusqu'à lui dire qu'elle veut bien qu'on sache qu'elle l'adore et le poursuit, ce n'est point une résolution si ferme, qu'elle l'empêche de cacher son amour de tout son possible lorsqu'elle est en la présence du roi. S'il lui échappe de l'encourager au combat contre don Sanche par ces paroles :

Sors vainqueur d'un combat dont Chimène est le prix,

elle ne se contente pas de s'enfuir de honte au même moment ; mais sitôt qu'elle est avec Elvire, à qui elle ne déguise rien de ce qui se passe dans son âme, et que la vue de ce cher objet ne lui fait plus de violence, elle forme un souhait plus raisonnable, qui satisfait sa vertu et son amour tout ensemble, et demande au ciel que le combat se termine :

Sans faire aucun des deux ni vaincu ni vainqueur.

Si elle ne dissimule point qu'elle penche du côté de Rodrigue, de peur d'être à don Sanche, pour qui elle a de l'aversion, cela ne détruit point la protestation qu'elle a faite un peu auparavant que, malgré la loi de ce combat, et les promesses que le roi a faites à Rodrigue, elle lui fera mille autres ennemis, s'il en sort victorieux. Ce grand éclat même qu'elle laisse faire à son amour après qu'elle le croit mort, est suivi d'une opposition vigoureuse à l'exécution de cette loi qui la donne à son amant, et elle ne se tait qu'après que le roi l'a différée, et lui a laissé lieu d'espérer qu'avec le temps il y pourra survenir quelque obstacle. Je sais bien que le silence passe d'ordinaire pour une marque de consentement ; mais quand les rois parlent, c'en est une de contradiction : on ne manque jamais à leur applaudir quand on entre dans leurs sentiments ; et le seul moyen de leur contredire avec le respect qui leur est dû, c'est de se taire, quand leurs ordres ne sont pas si pressants qu'on ne puisse remettre à s'excuser de leur obéir lorsque le temps en sera venu, et conserver cependant une espérance légitime d'un empêchement qu'on ne peut encore déterminément prévoir.

Il est vrai que, dans ce sujet, il faut se contenter de tirer Rodrigue de péril, sans le pousser jusqu'à son mariage avec Chimène. Il est historique et a plu en son temps ; mais bien sûrement il déplairait au nôtre ; et j'ai peine à voir que Chimène y consente chez l'auteur espagnol, bien qu'il donne plus de trois ans de durée à la comédie qu'il en a faite. Pour ne pas contredire l'histoire, j'ai cru ne me pouvoir dispenser d'en jeter quelque idée, mais avec incertitude de l'effet, et ce n'était que par là que je pouvais accorder la bienséance du théâtre avec la vérité de l'événement.

Les deux visites que Rodrigue fait à sa maîtresse ont quelque chose qui choque cette bienséance de la part de celle qui les souffre ; la rigueur du devoir voulait qu'elle refusât de lui parler, et s'enfermât dans son cabinet au lieu de l'écouter ; mais permettez-moi de dire avec un des premiers esprits de notre siècle, « que leur conversation est remplie de si beaux sentiments, que plusieurs n'ont pas connu ce défaut, et que ceux qui l'ont connu l'ont toléré ». J'irai plus outre, et dirai que tous presque ont souhaité que ces entretiens se fissent ; et j'ai remarqué aux premières représentations qu'alors que ce malheureux amant se présentait devant elle, il s'élevait un certain frémissement dans l'assemblée, qui marquait une curiosité merveilleuse, et un redoublement d'attention pour ce qu'ils avaient à se dire dans un état si pitoyable. Aristote dit « qu'il y a des absurdités qu'il faut laisser dans un poème, quand on peut espérer qu'elles seront bien reçues ; et il est du devoir du poète, en ce cas, de les couvrir de tant de brillants, qu'elles puissent éblouir ». Je laisse au jugement de mes auditeurs si je me suis assez bien acquitté de ce devoir pour justifier par là ces deux scènes. Les pensées de la première des deux sont quelquefois spirituelles pour partir de personnes fort affligées ; mais, outre que je n'ai fait que la paraphraser de l'espagnol, si nous ne nous permettions quelque chose de plus ingénieux que le cours ordinaire de la passion, nos poèmes ramperaient souvent, et les grandes douleurs ne mettraient dans la bouche de nos acteurs que des exclamations et des hélas. Pour me déguiser rien, cette offre que fait Rodrigue de son épée à Chimène, et cette protestation de se laisser tuer par don Sanche, ne me plairaient pas maintenant. Ces beautés étaient de mise en ce temps-là, et ne le seraient plus en celui-ci. La première est dans l'original espagnol, et l'autre est tirée sur ce modèle. Toutes les deux ont fait leur effet en ma faveur ; mais je ferais scrupule d'en étaler de pareilles à l'avenir sur notre théâtre.

J'ai dit ailleurs ma pensée touchant l'infante et le roi ; il reste néanmoins quelque chose à examiner sur la manière dont ce dernier agit, qui ne paraît pas assez vigoureuse, en ce qu'il ne fait pas arrêter le comte après le soufflet donné, et n'envoie pas des gardes à don Diègue et à son fils. Sur quoi on peut considérer que don Fernand étant le premier roi de Castille, et ceux qui en avaient été maîtres auparavant lui n'ayant eu titre que de comtes, il n'était peut-être pas assez absolu sur les grands seigneurs de son royaume pour le pouvoir faire. Chez don Guillén de Castro, qui a traité ce sujet avant moi, et qui devait mieux connaître que moi quelle était l'autorité de ce premier monarque de son pays, le soufflet se donne en sa présence et en celle de deux ministres d'État, qui lui conseillent, après que le comte s'est retiré fièrement et avec bravade, et que don Diègue a fait la même chose en soupirant, de ne le pousser point à bout, parce qu'il a quantité d'amis dans les Asturies, qui se pourraient révolter, et prendre parti avec les Maures dont son État est environné. Ainsi il se résout d'accommoder l'affaire sans bruit, et recommande le secret à ces deux ministres, qui ont été seuls témoins de l'action. C'est sur cet exemple que je me suis cru bien fondé à le faire agir plus mollement qu'on ne ferait en ce temps-ci, où l'autorité royale est plus absolue. Je ne pense pas non plus qu'il fasse une faute bien grande de ne jeter point l'alarme de nuit dans sa ville, sur l'avis incertain qu'il a du dessein des Maures, puisqu'on faisait bonne garde sur les murs et sur le port ; mais il est inexcusable de n'y donner aucun ordre après leur arrivée, et de laisser tout faire à Rodrigue. La loi du combat qu'il propose à Chimène avant que de le permettre à don Sanche contre Rodrigue, n'est pas si injuste que quelques-uns ont voulu le dire, parce qu'elle est plutôt une menace pour la faire dédire de la demande de ce combat, qu'un arrêt qu'il lui veuille faire exécuter. Cela paraît en ce qu'après la victoire de Rodrigue il n'en exige pas précisément l'effet de sa parole, et la laisse en état d'espérer que cette condition n'aura point de lieu.

Je ne puis dénier que la règle des vingt-quatre heures presse trop les incidents de cette pièce. La mort du comte et l'arrivée des Maures s'y pouvaient entre-suivre d'aussi près qu'elles font, parce que cette arrivée est une surprise qui n'a point de communication, ni de mesures à prendre avec le reste ; mais il n'en va pas ainsi du combat de don Sanche, dont le roi était le maître, et pouvait lui choisir un autre temps que deux heures après la fuite des Maures. Leur défaite avait assez fatigué Rodrigue toute la nuit pour mériter deux ou trois jours de repos, et même il y avait quelque apparence qu'il n'en était pas échappé sans blessures, quoique je n'en aie rien dit, parce qu'elles n'auraient fait que nuire à la conclusion de l'action.

Cette même règle presse aussi trop Chimène de demander justice au roi la seconde fois. Elle l'avait fait le soir d'auparavant, et n'avait aucun sujet d'y retourner le lendemain matin pour en importuner le roi, dont elle n'avait encore aucun lieu de se plaindre, puisqu'elle ne pouvait encore dire qu'il lui eût manqué de promesse. Le roman lui aurait donné sept ou huit jours de patience avant que de l'en presser de nouveau ; mais les vingt-quatre heures ne l'ont pas permis : c'est l'incommodité de la règle. Passons à celle de l'unité de lieu, qui ne m'a pas donné moins de gêne en cette pièce.

Je l'ai placé dans Séville, bien que don Fernand n'en ait jamais été le maître, et j'ai été obligé à cette falsification, pour former quelque vraisemblance à la descente des Maures, dont l'armée ne pouvait venir si vite par terre que par eau. Je ne voudrais pas assurer toutefois que le flux de la mer monte effectivement jusque-là ; mais comme dans notre Seine il fait encore plus de chemin qu'il ne lui en faut faire sur le Gualalquivir pour battre les murailles de cette ville, cela peut suffire à fonder quelque probabilité parmi nous, pour ceux qui n'ont point été sur le lieu même.

Cette arrivée des Maures ne laisse pas d'avoir ce défaut, que j'ai marqué ailleurs, qu'ils se présentent d'eux-mêmes, sans être appelés dans la pièce directement ni indirectement par aucun acteur du premier acte.

Ils ont plus de justesse dans l'irrégularité de l'auteur espagnol. Rodrigue, n'osant plus se montrer à la cour, les va combattre sur la frontière,
et ainsi le premier acteur les va chercher, et leur donne place dans le
poème ; au contraire de ce qui arrive ici, où ils semblent se venir faire
de fête exprès pour en être battus, et lui donner moyen de rendre à son
roi un service d'importance qui lui fasse obtenir sa grâce. C'est une
seconde incommodité de la règle dans cette tragédie.

Tout s'y passe donc dans Séville, et garde ainsi quelque espèce d'unité
de lieu en général ; mais le lieu particulier change de scène en scène, et
tantôt c'est le palais du roi, tantôt l'appartement de l'infante, tantôt la
maison de Chimène, et tantôt une rue ou place publique. On le déter-
mine aisément pour les scènes détachées ; mais pour celles qui ont leur
liaison ensemble, comme les quatre dernières du premier acte, il est
malaisé d'en choisir un qui convienne à toutes. Le comte et don Diègue
se querellent au sortir du palais ; cela se peut passer dans une rue ; mais,
après le soufflet reçu, don Diègue ne peut pas demeurer en cette rue à
faire ses plaintes, attendant que son fils survienne, qu'il ne soit tout aussitôt environné de peuple, et ne reçoive l'offre de quelques amis. Ainsi
il serait plus à propos qu'il se plaignît dans sa maison, où le met l'Espagnol, pour laisser aller ses sentiments en liberté ; mais, en ce cas, il faudrait délier les scènes comme il a fait. En l'état où elles sont ici, on peut
dire qu'il faut quelquefois aider au théâtre, et suppléer favorablement
ce qui ne s'y peut représenter. Deux personnes s'y arrêtent pour parler,
et quelquefois il faut présumer qu'ils marchent, ce qu'on ne peut exposer sensiblement à la vue, parce qu'ils échapperaient aux yeux avant que
d'avoir pu dire ce qu'il est nécessaire qu'ils fassent savoir à l'auditeur.
Ainsi, par une fiction de théâtre, on peut s'imaginer que don Diègue
et le comte, sortant du palais du roi, avancent toujours en se querellant,
et sont arrivés devant la maison de ce premier lorsqu'il reçoit le soufflet
qui l'oblige à y entrer pour y chercher du secours. Si cette fiction poétique ne vous satisfait point, laissons-le dans la place publique, et disons
que le concours du peuple autour de lui après cette offense, et les offres
de service que lui font les premiers amis qui s'y rencontrent, sont des
circonstances que le roman ne doit pas oublier ; mais que ces menues
actions ne servent de rien à la principale, il n'est pas besoin que le poète
s'en embarrasse sur la scène. Horace l'en dispense par ces vers :

> Hoc amet, hoc spernat promissi carminis auctor ;
> Pleraque negligat.

Et ailleurs,

> Semper ad eventum festinet [1].

---

1. Horace, *Art poétique* : « Que celui qui a pris l'initiative de promettre un poème aime ceci, dédaigne cela et néglige bien des choses. »
Puis : « Qu'il se hâte toujours vers le dénouement. »

C'est ce qui m'a fait négliger, au troisième acte, de donner à don Diègue, pour aide à chercher son fils, aucun des cinq cents amis qu'il avait chez lui. Il y a grande apparence que quelques-uns d'eux l'y accompagnaient, et même que quelques autres le cherchaient pour lui d'un autre côté ; mais ces accompagnements inutiles de personnes qui n'ont rien à dire, puisque celui qu'ils accompagnent a seul tout l'intérêt de l'action, ces sortes d'accompagnements, dis-je, ont toujours mauvaise grâce au théâtre, et d'autant plus que les comédiens n'emploient à ces personnages muets que leurs moucheurs de chandelles et leurs valets, qui ne savent quelle posture tenir.

Les funérailles du Comte étaient encore une chose fort embarrassante, soit qu'elles se soient faites avant la fin de la pièce, soit que le corps ait demeuré en présence dans son hôtel, attendant qu'on y donnât ordre. Le moindre mot que j'en eusse laissé dire, pour en prendre soin, eût rompu toute la chaleur de l'attention, et rempli l'auditeur d'une fâcheuse idée. J'ai cru plus à propos de les dérober à son imagination par mon silence, aussi bien que le lieu précis de ces quatre scènes du premier acte dont je viens de parler ; et je m'assure que cet artifice m'a si bien réussi, que peu de personnes ont pris garde à l'un ni à l'autre, et que la plupart des spectateurs, laissant emporter leurs esprits à ce qu'ils ont vu et entendu de pathétique en ce poème, ne se sont point avisés de réfléchir sur ces deux considérations.

J'achève par une remarque sur ce que dit Horace, que ce qu'on expose à la vue touche bien plus que ce qu'on n'apprend que par un récit.

C'est sur quoi je me suis fondé pour faire voir le soufflet que reçoit don Diègue, et cacher aux yeux la mort du comte, afin d'acquérir et conserver à mon premier acteur l'amitié des auditeurs, si nécessaire pour réussir au théâtre. L'indignité d'un affront fait à un vieillard, chargé d'années et de victoires, les jette aisément dans le parti de l'offensé ; et cette mort, qu'on vient dire au roi tout simplement sans aucune narration touchante, n'excite point en eux la commisération qu'y eût fait naître le spectacle de son sang, et ne leur donne aucune aversion pour ce malheureux amant, qu'ils ont vu forcé par ce qu'il devait à son honneur d'en venir à cette extrémité, malgré l'intérêt et la tendresse de son amour.

JUGEMENTS SUR LA QUERELLE DU *CID*

BOILEAU
Satires
(1666-1698)

[...]
En vain, contre *Le Cid* un ministre se ligue ;
Tout Paris pour Chimène a les yeux de Rodrigue :
L'Académie en corps a beau le censurer,
Le public révolté s'obstine à l'admirer.

(*Satire* IX, vers 231-234)

FONTENELLE
Vie de M. Corneille
(1742)

[...] Après *L'Illusion comique*, M. Corneille se releva plus grand et plus fort qu'il n'avait encore été, et fit *Le Cid*. Jamais pièce de théâtre n'eut un si grand succès. Je me souviens d'avoir vu en ma vie un homme de guerre et un mathématicien, qui de toutes les comédies du monde ne connaissaient que *Le Cid* ; l'horrible barbarie où ils vivaient n'avait pu empêcher le nom du Cid d'aller jusqu'à eux. M. Corneille avait en son cabinet cette pièce traduite en toutes les langues de l'Europe, hormis l'Esclavonne et la Turque. Elle était en allemand, en anglais, en flamand, et par une exactitude flamande on l'avait rendue vers pour vers. Elle était en italien, et ce qui est plus étonnant, en espagnol : les Espagnols avaient bien voulu copier eux-mêmes une copie dont l'original leur appartenait [...].

Quand *Le Cid* parut, le Cardinal en fut aussi alarmé que s'il avait vu les Espagnols devant Paris. Il souleva les auteurs contre cet ouvrage, ce qui ne dut pas être fort difficile, et se mit à leur tête. M. de Scudéry publia ses observations sur *Le Cid*, adressées à l'Académie française qu'il en fait juge, et que le Cardinal son fondateur sollicitait puissamment contre la pièce accusée : mais afin que l'Académie pût juger, ses statuts voulaient que l'autre partie, c'est-à-dire M. Corneille, y consentît. On tira de lui une espèce de consentement qu'il ne donna qu'à la crainte de déplaire au Cardinal, et qu'il donna pourtant avec assez de fierté. Le moyen de ne pas ménager un pareil ministre qui était son bienfaiteur ? car il récompensait, comme ministre, ce même mérite dont il était jaloux comme poète ; et il semble que cette grande âme ne pouvait pas avoir de faiblesse qu'elle ne réparât en même temps par quelque chose de noble.

L'Académie française donna ses sentiments sur *Le Cid*, et cet ouvrage fut digne de la grande réputation de cette compagnie naissante. Elle sut conserver tous les égards qu'elle devait, et à la passion du Cardinal, et à l'estime prodigieuse que le public avait conçue de cet ouvrage. Elle satisfit le Cardinal en reprenant exactement tous les défauts du *Cid*, et le public en le reprenant avec modération, et même souvent avec des louanges. M. Corneille ne répondit point à la critique. « La même raison, disait-il, qu'on a eue pour la faire m'empêche d'y répondre. » Cependant *Le Cid* a survécu à cette critique. Toute belle qu'elle est, on ne la connaît presque plus, et il a encore son premier éclat [...].

VOLTAIRE
Remarques sur le Cid
(1764)

[...] Le cardinal, à la fin de 1635, un an avant les représentations du *Cid*, avait donné dans le Palais Cardinal, aujourd'hui le Palais-Royal, *La Comédie des Tuileries*, dont il avait lui-même arrangé toutes les scènes. Corneille, plus docile à son génie que souple aux volontés d'un premier ministre, crut devoir changer quelque chose dans le troisième acte, qui lui fut confié. Cette liberté estimable fut envenimée par deux de ses confrères, et déplut beaucoup au cardinal, qui lui dit « qu'il fallait avoir un esprit de suite ». Il entendait par esprit de suite la soumission qui suit aveuglément les ordres d'un supérieur. Cette anecdote était fort connue chez les derniers princes de la maison de Vendôme, qui avait assisté à la représentation de cette pièce du cardinal.

Le premier ministre vit donc les défauts du *Cid* avec les yeux d'un homme mécontent de l'auteur ; et ses yeux se fermèrent trop sur les beautés. Il était si entier dans son sentiment, que quand on lui apporta les premières esquisses du travail de l'Académie sur *Le Cid*, et quand il vit que l'Académie, avec un ménagement aussi poli qu'encourageant pour les arts et pour le grand Corneille, comparait les contestations présentes à celles que *La Jérusalem délivrée* [1] et le *Pastor fido* [2] avaient fait naître, il mit en marge, de sa main : « L'applaudissement et le blâme du *Cid* n'est qu'entre les doctes et les ignorants, au lieu que les contestations sur les deux autres pièces ont été entre les gens d'esprit. » [...]

Quant au jugement que l'Académie fut obligée de prononcer entre Corneille et Scudéry, et qu'elle intitula modestement *Sentiments de l'Académie sur Le Cid*, j'ose dire que jamais on ne s'est conduit avec plus de noblesse, de politesse et de prudence, et que jamais on n'a jugé avec plus de goût. Rien n'était plus noble que de rendre justice aux beautés du *Cid*, malgré la volonté décidée du maître du royaume. [...]

1. Poème épique du Tasse (1581).
2. Tragi-comédie pastorale de Guarini (1585).

III - LA *RECONQUISTA* ESPAGNOLE ET LE PERSONNAGE HISTORIQUE DU CID

Le Cid se fit connaître et s'illustra dans le vaste mouvement de la « Reconquête » de l'Espagne par les États chrétiens, au XIe siècle. Le royaume de Castille, à laquelle le Léon était uni, en donna l'impulsion. En 1085, le roi Alphonse VI met la main sur Tolède puis lance vers le sud, dominé par les musulmans, une succession de raids victorieux : le Cid entre dans l'histoire, avant de devenir un personnage de légende.

Né vers 1043 à Vivar (ou Bivar) près de Burgos, en Vieille-Castille, Rodrigo Diaz est élevé à Burgos, au palais de Ferdinand le Grand puis de son fils, Sanche II. Il participe en 1065 à son premier combat, à Graus, contre les Navarrais, en qualité d'*alfarez*, c'est-à-dire qu'il avait charge, selon le droit castillan, de soutenir les droits du royaume lorsque le roi était lésé dans une affaire territoriale. Sa bravoure lui vaut le surnom de « Campéador », qui est peut-être la déformation de « Campidoctor », le preux. Après l'assassinat, en 1072, de Sanche II, Rodrigo Diaz passe au service du nouveau roi, Alphonse VI, qui lui offre en mariage, pour le récompenser de ses exploits, Doña Ximena (Chimène), fille du comte d'Oviedo. Puis, banni de Castille et brouillé avec Alphonse VI à la suite d'intrigues, il confie sa femme et ses deux filles à l'abbé d'un monastère et poursuit une carrière de mercenaire. Il guerroie contre les Maures de Tolède et reçoit le surnom de Cid (en arabe : *Sidi*, seigneur) après avoir chassé les troupes du comte de Barcelone, devant le château d'Almenar, en 1082.

En 1094, après vingt mois de siège, Rodrigo entre dans Valence et y règne jusqu'à sa mort en 1099, tenant à distance les Almoravides, venus de Mauritanie. Il s'emploie à christianiser son royaume. À sa mort, il laisse à sa veuve la souveraineté sur Valence, mais Chimène ne put conserver le royaume. Elle fit ensevelir son époux au couvent Saint-Pierre de Cardenas, près de Burgos.

Après une série de revers, la Reconquête s'organise à nouveau. Une puissante armée se constitue sous le commandement conjoint des rois de Castille, de Navarre et d'Aragon. Elle se met en marche au printemps de 1212 et rencontre l'ennemi à Las Navas de Tolosa, entre Tolède et Grenade. Cette victoire espagnole fait disparaître le royaume des Almohades. Puis Ferdinand III, roi de Castille, par la prise de Cordoue (1236), met fin à la Reconquête.

IV - LE CID AVANT ET APRÈS *LE CID*

A) LE CID ESPAGNOL

La poésie et le théâtre espagnols célébrèrent abondamment le Cid.

Vers 1140, le Poème du Cid (Poema de mio Cid) *a pour sujet l'exil du Cid, qui laisse Chimène et ses deux filles Elvire et doña Sol. Il conquiert Valence et demande au roi Alphonse qu'on permette à sa femme et à ses filles de venir le retrouver. Le roi y consent, et favorise même le mariage de ses deux filles avec de nobles seigneurs, les infants de Carrion. Mais ceux-ci se montrent indignes de leurs fiancées et le Cid se venge d'eux, tandis que doña Sol et Elvire trouvent des époux dignes d'elles. Puis le Cid rentre à Valence et meurt.*

Le Romancero *forme un ensemble de plus de deux cents « romances », courts poèmes composés en octosyllabes qui retracent la vie légendaire du Cid, fixant la tradition orale qui se développa autour du personnage du XVe au XVIIe siècle. On y trouve, en particulier, l'épreuve à laquelle don Diègue Laynez, après avoir été souffleté par le comte Lozano, soumet ses trois fils. Rodrigue seul se montre digne de lui, va tuer le comte, lui coupe la tête et la rapporte à son père. Chimène, fille du comte, vient demander justice au roi, qui acquitte Rodrigue, tout récent vainqueur des Maures, et la marie à lui :*

« À Chimène, à Rodrigue, le roi prit la parole et la main pour les unir l'un à l'autre en présence de Layn Calvo.

Les vieilles inimitiés se transforment en amour ; où préside l'amour, les injures s'oublient.

Les fiancés arrivèrent, et, au moment de se donner la main et l'accolade, le Cid, regardant sa femme, lui dit d'un ton ému :

— J'ai tué ton père, Chimène, mais non en trahison ; je l'ai tué d'homme à homme, pour venger un affront trop certain.

J'ai tué un homme, et je rends un homme. Me voici à tes ordres ; à la place d'un homme mort, tu auras acquis un époux honoré.

Cela parut bien à tous : on louangea son esprit, et ainsi se firent les noces de Rodrigue le Castillan. »

Les Enfances du Cid (Las Mocedades del Cid), *pièce en trois journées et huit tableaux, représentée à Madrid en 1618, constituent la principale source de Corneille. Son auteur, Guillén de Castro (1569-1631), puise dans le Romancero et dans l'*Histoire d'Espagne *de Mariana (1601) : ce dernier avait imaginé Chimène « éprise des qualités » de Rodrigue. Guillén de Castro va plus loin et invente une donnée psychologique fondamentale : Chimène aime Rodrigue avant même la mort de son père.*

Résumé et extraits

Première journée :

Le roi a fait Rodrigue chevalier, et la cérémonie d'investiture a lieu au palais en présence de l'Infante et de Chimène. Choisi comme précepteur du prince, don Diègue est souffleté par le comte de Lozano :

PERANZULEZ (conseiller du roi). — Diègue mérite de recevoir cette dignité de la main du roi.

LE COMTE. — Il la mérite, en effet, d'autant plus que maintenant, qu'il est arrivé près de toi à tant d'estime, que tu mets sa valeur au-dessus de la mienne, à ma grande confusion. Ayant demandé à servir dans cette charge près du prince, mon seigneur (que le ciel le conserve mille ans), tu dois sentir, bon roi, tout ce que je souffre et tout ce que je supporte, parce que je suis en ta présence ; encore, pourrai-je le supporter ? Si ce vieux Diègue Laynez succombe déjà sous le poids des années, quelle sagesse montrera-t-il quand il faudra enseigner au prince les divers exercices d'un chevalier dans les passes d'armes et sur les champs de bataille ? Lui donnera-t-il l'exemple, comme je le fais, de rompre une lance ou de mettre un cheval hors d'haleine, si je...

LE ROI. — Assez !

DIÈGUE. — Jamais, comte, tu ne t'es montré si digne de ton nom de Lozano (le glorieux). Je suis vieux, je le confesse, tel est l'effet du temps ; mais dans la caducité, dans le sommeil, dans le délire, je puis enseigner ce que d'autres ignorent, et s'il est vrai que l'on meurt comme l'on a vécu, à mon heure dernière je donnerai encore à imiter l'exemple de bien vivre et de bien mourir. Si les forces me manquent dans les jambes ou dans les bras pour rompre une lance ou pour mettre un cheval hors d'haleine, je ferai lire au prince l'histoire de mes exploits ; il apprendra ce que je fis, s'il ne peut apprendre ce que je fais, et le monde et le roi verront que personne autour de lui n'a mérité...

LE ROI. — Diègue Laynez !

LE COMTE, *se levant*. — Moi, j'ai mérité.

LE ROI. — Sujets !

LE COMTE. — J'ai mérité comme toi et mieux que toi !

LE ROI. — Comte !

DIÈGUE. — Tu te trompes.

LE COMTE. — Je le dis.

LE ROI. — Je suis votre roi.

DIÈGUE, *au comte*. — Tu ne saurais le dire.

LE COMTE. — Ma main parlera comme ma langue a parlé.
                          (Il le soufflette.)

PERANZULEZ. — Arrête !

DIÈGUE. — Ah, vieillesse infortunée !

LE ROI. — À moi, gardes !

DIÈGUE. — Laissez-moi.

LE ROI. — Qu'on saisisse le comte !

Don Diègue, après avoir éprouvé ses trois fils, confie à Rodrigue le soin de le venger. Rodrigue, sous les yeux de Chimène et de l'Infante, provoque le comte et le tue :

LE COMTE. — Qui es-tu ?

RODRIGUE. — À quelques pas, je te dirai qui je suis.

CHIMÈNE, *à part*. — Ah, je me meurs.

LE COMTE. — Que me veux-tu ?

RODRIGUE. — Je veux te parler. Ce vieillard que tu vois, le connais-tu ?

LE COMTE. — Je le connais. Pourquoi me le demander ?

RODRIGUE. — Pourquoi ? Parlons bas. Écoute.

LE COMTE. — Dis.

RODRIGUE. — Ne sais-tu pas qu'il fut le courage et l'honneur même ?

LE COMTE. — Il le fut.

RODRIGUE. — Et que le sang que j'ai dans les yeux est son sang ? Ne le sais-tu pas ?

LE COMTE. — Que je le sache ou non, tranchons ce discours. Que m'importe !

RODRIGUE. — Si tu veux me suivre dans un autre lieu, tu apprendras que cela t'importe.

LE COMTE. — Silence, enfant ! Est-il possible ? Va, nouveau chevalier, va et apprends d'abord à combattre et à vaincre ; tu pourras ensuite avoir l'honneur d'être vaincu par mon bras sans que je sois blâmé de triompher de toi et de te donner la mort. Mets pour le moment l'offense en oubli ; car se venger avec du sang n'appartient pas à celui qui a encore du lait sur les lèvres.

RODRIGUE. — Je veux apprendre de toi à combattre ; tu verras si je sais vaincre, je verrai si tu sais donner la mort. Mon épée peu savante t'enseignera néanmoins, à l'aide de ce bras, que le courage est le maître d'un art que j'ignore, et ma satisfaction sera de mêler, pour guérir mon affront, le lait de mes lèvres au sang de ton cœur.

PERANZULEZ. — Comte !

ARIAS. — Rodrigue !

CHIMÈNE, *à part.* — Ah, malheureuse !

DIÈGUE, *à part.* — Ma poitrine est en feu.

RODRIGUE. — L'ombre de ce palais est un abri sacré pour toi.

CHIMÈNE, *à Rodrigue.* — Contre mon père, seigneur !

RODRIGUE, *au comte.* — Je ne dois pas te frapper ici.

CHIMÈNE, *à Rodrigue.* — Écoutez-moi.

RODRIGUE, *à Chimène.* — Pardon, Madame. Je suis fils de mon honneur. Allons, comte !

LE COMTE. — Enfant, qui as une prétention de géant, je te tuerai si je te trouve devant moi. Va en paix, va, va, si tu ne veux pas que, m'étant vengé de ton père avec la main, je me venge de toi avec le pied.

RODRIGUE, *tirant l'épée.* — C'est pousser trop loin l'insolence !

DIÈGUE. — Le trop de paroles, mon fils, ôte la force à l'épée.

CHIMÈNE. — Arrête ta main furieuse, Rodrigue !

DOÑA URRAQUE. — Quel violent transport !

DIÈGUE. — Fils ! Fils ! Ma voix t'excite au châtiment.

> (Combat. — Le comte est blessé.)

LE COMTE. — Je suis frappé à mort.

CHIMÈNE, *courant à son père.* — Sort fatal ! Mon père !

DOÑA URRAQUE. — Que fais-tu, Chimène ?

PERANZULEZ, *au comte.* — Frappe-le à ton tour.

(Le comte tombe après un dernier effort et Chimène se jette sur lui.)

DIÈGUE. — Mon fils !

LES SERVITEURS DU COMTE. — Qu'il meure ! Il a tué le comte.

DOÑA URRAQUE. — Arrêtez ! Que faites-vous ? Gardez-vous de le toucher. Sachez que je vous le défends et que j'estime Rodrigue ; il a obéi à son honneur.

RODRIGUE. — Belle Infante ! Je te bénis au fond de mon âme. Tant de faveur pour si peu. C'est trop d'interposer ton autorité où mon épée suffit. Il en viendra moins que je n'en puis tuer. *(Aux gens du comte.)* Suivez-moi, si vous l'osez.

DOÑA URRAQUE. — Oh, le vaillant Castillan !

Deuxième journée :

Chimène se rend au palais pour demander justice, tandis que don Diègue défend Rodrigue. Rodrigue ensuite se présente devant Chimène et lui demande de le tuer. Chimène refuse. Rodrigue, béni par son père, part combattre les Maures.

Troisième journée :

    Un an s'est écoulé. Chimène à nouveau revient devant le roi pour se plaindre. Or, une querelle s'est élevée entre la Castille et l'Aragon au sujet de la possession de Calahorra que détient l'Aragon. L'ambassadeur d'Aragon vient défier le roi de Castille et Rodrigue demande au roi d'être choisi par lui pour lui répondre. Don Martin, l'Aragonais, annonce que ce duel sera pour lui l'occasion d'obtenir la main de Chimène. Un malentendu laisse croire à Chimène que don Martin sort victorieux du combat : elle dévoile alors publiquement son amour pour Rodrigue, et les violences que les lois de l'honneur ont fait subir à ses sentiments. Mais Rodrigue paraît :

DIÈGUE. — Mon fils !

CHIMÈNE. — Rodrigue !

LE CID. — Majesté !

DOÑA URRAQUE. — J'aime mieux qu'il vive, tout ingrat qu'il est.

LE ROI, *souriant.* — Pardonne, Chimène, pardonne.

DON DIÈGUE. — Moi et Arias, nous vous avons trompée par de fausses nouvelles.

LE CID. — Ces nouvelles ne sont pas fausses. Vous avez fait annoncer qu'un chevalier demande à mettre aux pieds de Chimène la tête de Rodrigue. Ce chevalier, c'est moi, Chimène, voilà ma tête, tu peux la prendre avec ce fer. Celle de don Martin, je l'ai laissée sur la pointe de ma lance.

LE ROI, *souriant.* — Je prononce la sentence en ta faveur, Rodrigue.

TOUS. — Vive Ferdinand !

LE ROI. — Ainsi finissent la Jeunesse du Cid et les Noces de Chimène.

B) LES SUITES DU *CID*

URBAIN CHEVREAU
La suite et le mariage du Cid
(1637)

    Cette tragi-comédie en cinq actes, écrite à la hâte dans l'atmosphère empoisonnée de la querelle du Cid était destinée à l'hôtel de Bourgogne, rival du théâtre du Marais. Urbain Chevreau a imaginé une Infante prête à tout pour conquérir Rodrigue.

    L'argument est rédigé par l'auteur :

ACTE I

« Rodrigue obligé de partir combattre les Maures dit adieu à Chimène et ressent en son âme une tristesse si grande de ce départ, qu'il ne se console que de l'espérance qu'il a de la trouver confiante dans son amour et de triompher de ses ennemis. L'Infante qui par complaisance avait autrefois donné Rodrigue à Chimène, se trouve réduite à la nécessité de faire voir son cœur à Léonor sa gouvernante, et ne fait plus scrupule de lui déclarer qu'elle brûle pour Rodrigue, et que les considérations de la naissance la touchent moins que sa passion. Quelque effort que fasse Léonor pour l'en divertir, elle se promet tout à son avantage, et demeure dans la résolution de ne rien épargner pour son repos. Chimène après le départ de Rodrigue se trouve étonnée et ne sait pas encore si elle doit plus à la mort de son père et à sa pitié, qu'à la foi qu'elle avait juré à son amant : néanmoins par quelques douces violences qu'elle se fait, elle ne peut oublier ce dernier, et consent presque par force à poursuivre le premier dessein qu'elle avait pour lui. »

ACTE II

« Arias par la prière de Rodrigue et par la nécessité est contraint d'aller avertir don Fernand du malheur où les Maures les ont réduits ; il lui dit que sans son assistance il est bien malaisé d'espérer quelque chose à son avantage. Don Fernand croyant déjà tout perdu, envoie un renfort ; il se console dans l'espérance que lui donne don Diègue de la fidélité et de la valeur de Rodrigue. Comme cette nouvelle fut bientôt répandue, l'Infante se servit de l'occasion, et pria Léonor de persuader Chimène de la mort de Rodrigue, croyant par cette feinte la porter au désespoir, et s'imaginant que son dessein réussirait par ce moyen dans le premier qu'elle avait fait de posséder Rodrigue. Don Sanche cependant, amoureux de Chimène, non content d'avoir éprouvé la courtoisie de Rodrigue, fait de nouveaux projets pour cette beauté, et, malgré le devoir et toutes les civilités que lui défendait cet amour, se propose de l'aimer encore. Chimène tremble à la venue de Léonor, pâme à la nouvelle de la mort de Rodrigue, et cherche tous les moyens de mourir étant seule, n'estimant pas honnête de survivre à la perte de son père et de son amant. »

Extrait

LES STANCES DE CHIMÈNE

Injuste et dure loi de mon funeste sort,
Qui tint jadis ma voix et mon âme en contrainte,
Ne viens plus t'opposer dans ce dernier effort
        À la liberté de ma plainte.
    Tu sais que je n'ai plus espérance ni crainte
        Et que mon aimable vainqueur
Ne vit plus ici-bas si ce n'est dans mon cœur.

Pour mon soulagement je plaindrai mes malheurs,
Malgré les lois d'honneur, et ses vaines chimères.
Mais je veux que mes yeux répandent tant de pleurs
    Que mes desseins me soient prospères,
Et qu'enfin mes soupirs ainsi que des vipères,
    Dans ce dernier effet d'amour,
Me donnent le trépas pour leur donner le jour.

[...]

Mes sens dans ce dessein ne sont pas égarés ;
Le trépas pour ces deux est noble, ce me semble,
Et pour ce que la mort nous a tous séparés,
    Il faut que la mort nous rassemble.
Ils sont morts pour l'honneur ; puisque je leur ressemble,
    Portant ennui à leur bonheur,
Je veux aussi les suivre, et mourir par honneur.

Ne diffère donc plus, le sort en est jeté,
Puisqu'aussi bien tu vois ton espérance vaine.
Qui cherche le trépas cherche la liberté
    Et trouve la fin de sa peine.
Témoigne ta pitié paraissant inhumaine,
    Et fais voir qu'en perdant le jour
L'honneur te fait mourir aussi bien que l'amour.

                           (Acte II, scène 6)

ACTE III

« Don Rodrigue se réjouit avec don Arias de la victoire qu'ils ont obtenue sur les Maures, et lui-même en va porter la nouvelle au roi. L'Infante dans l'impatience de son désir de faire mourir Chimène pour se faciliter l'amour de Rodrigue, apprend de Léonor ce qu'elle n'en voulait pas apprendre, et trouve l'esprit de cette confidente dans le repentir d'avoir persuadé à Chimène la fausse nouvelle de la mort de son amant, et, contre ses sentiments et quelques menaces apparentes qu'elle lui fait d'en avertir le roi, délibère de conduire ses desseins à un dernier but. Rodrigue cependant instruit le roi de la victoire sur ses ennemis, qui se propose mille profusions dans son esprit pour la récompense de Rodrigue. Chimène, croyant son amant perdu, veut recourir aux dernières extrémités, et dans ce temps même elle voit Rodrigue ; ce qui la rend si confuse qu'à peine peut-elle trouver de quoi faire un raisonnement. Leur joie est troublée par la nouvelle véritable que leur donne Arias de la colère du roi qui avait changé les premiers desseins qu'il avait faits à l'avantage de Rodrigue, à cause des assurances que Léonor lui avait données de l'amour de l'Infante et pour la crainte dont il était prévenu que cette passion apporterait un grand désordre dans son État. »

Extrait

LE COMBAT CONTRE LES MAURES

RODRIGUE

Sire, au commencement nous fûmes étonnés.
Tous les chefs des soldats furent abandonnés,
Et ces gens insolents en voyant cette fuite,
Usèrent contre nous d'une rude poursuite.
Ils se trouvent puissants dans notre extrémité,
Ne donnent point de place à la timidité ;
Ils nous serrent de près, nous forcent, nous atteignent ;
Les uns sont massacrés, et les autres les craignent.
Tous sont au désespoir, chacun quitte son rang,
Et, pâle, voit rougir la terre de son sang.
Mais la nuit par bonheur avecque ses ténèbres
Finit leur entreprise, et nos plaintes funèbres :
Depuis cette retraite, et pour nous et pour eux,
L'ardeur fut presqu'égale et le combat douteux.
Mais après le renfort, aussitôt qu'ils nous virent,
Leur sang se refroidit, leurs visages pâlirent.
Sachant que je devais combattre pour un roi,
À ce seul nom de Cid ils tremblèrent d'effroi :
Leurs mains dans ce combat furent presque immobiles,
Et nous firent trouver des succès trop faciles.
Je m'attaque à leur chef, j'en vins bientôt à bout ;
Bref, Sire, on perdit tout, pour ce qu'on craignait tout.
Il combattit longtemps pour la troupe ennemie,
Tâcha de réveiller leur fureur endormie,
Et par actions, et souvent par ses cris
Excita contre nous ces timides esprits.
Il succomba pourtant, et ce rare courage
Trouva notre valeur plus forte que sa rage,
Et se sentant blessé, fit enfin ces efforts
À parler aux vivants en regardant les morts :

          « Étrange arrêt des destinées !
          Les Princes meurent comme vous
          Le sort est implacable à tous ;
          Chacun voit finir ses années ;
          Nos jours sont filés d'un fuseau.
Ceux des simples sujets, et des puissants monarques
          Sont entrepris de mêmes Parques
          Et coupés d'un même ciseau.

          « Et cependant on nous fait croire
          Pour éblouir plutôt nos yeux
          Que les rois ressemblent aux dieux
          Et qu'ils en ont beaucoup de gloire.

Mais quoi ? nous serions tous égaux,
Les dieux seraient mortels, ils n'auraient plus d'hommages ;
        Si la mort abat les images,
        Elle en veut aux originaux. »
Là, ses jours sont finis aussi bien que sa gloire,
Et sa mort commença notre insigne victoire.

(Acte III, scène 3)

ACTE IV

« Le roi, dans le rapport de Chimène, se désespère, et ne croit pas trouver ni consolation ni remède dans un mal qu'il juge incurable. Léonor augmente sa crainte et sa furie, lorsqu'elle lui raconte qu'elle a fait tout son possible pour détourner l'Infante d'une affection si honteuse et qui préjudiciait si fort à l'État. Il en fait des reproches à don Rodrigue, qui, s'excusant d'une fausseté si apparente, par le commandement du roi, fait des protestations d'amour à l'Infante. Celui-ci, ne croyant pas qu'il y eut lieu de soupçon dans cette affaire, répond à ses civilités et à ses compliments, et comme elle avait beaucoup d'amour, elle en témoigna beaucoup aussi. Le roi pour les toucher de pitié donne dans ce ressentiment le sceptre à Rodrigue et la couronne à l'Infante, mais enfin Rodrigue est mené prisonnier sans aucun respect et sans considération des services qu'il avait rendus. Don Diègue et Chimène le voyant sans liberté, demandent celle de le voir en prison, et de découvrir la vérité. Ce que le roi leur accorda, mais dans la résolution pourtant de ne rien épargner pour le châtiment de sa faute. »

ACTE V

« Chimène visite don Rodrigue en prison, et le console dans l'assurance qu'elle lui donne de son amour. Don Arias le fait sortir, et lui raconte comme le peuple animé par sa captivité avait pensé se soulever, et lui dit encore que la vérité s'était découverte pour l'inclination de l'Infante, et qu'il est estimé innocent. Don Sanche amoureux toujours de Chimène est rencontré par l'Infante qui lui promet de toucher l'esprit de Chimène et de lui remontrer qu'elle doit faire un objet d'honneur de Rodrigue, qui avait causé sa première perte : l'Infante l'aborde, mais en vain, et elle ne trouve pas avec cette âme résolue ce qu'elle s'était proposé auparavant. Pour lui faire haïr Rodrigue, elle l'aborde avec beaucoup de civilités, et avec des protestations d'amour non pareilles. Rodrigue considérant sa condition et sa naissance lui répond assez honnêtement : ce qui lui donne avantage d'en avertir Chimène, qui commençant à soupçonner l'infidélité de son amant, semble se porter à toutes les extrémités. Elle est apaisée néanmoins par ses paroles et la vérité détrompe ses sens. Don Sanche rencontrant Chimène avec Rodrigue la veut suivre, mais il se trouve seul avec Rodrigue. Non content d'avoir éprouvé si souvent sa bonté et son courage, il l'attaque et en est désarmé : l'Infante les trouvant en cet état, ayant appris que Rodrigue disputait encore

Chimène, fort dans son dessein de la tuer, mais elle la trouve avec le roi qui empêche cette résolution, et qui fait enfin le mariage de Chimène et de Rodrigue. »

Il n'est pas certain que cette pièce embrouillée ait été jouée. L'hôtel de Bourgogne donna encore en 1637 une tragi-comédie de Desfontaines, La Vraie Suite du Cid. *L'auteur imagine le roi tombant amoureux de Chimène, mais finissant par consentir à son mariage avec Rodrigue.*

En 1639, un certain Chillac écrivit, sans que sa pièce fût jamais représentée, L'Ombre du comte de Gormas ou la Mort du Cid : *l'ombre du comte apparaît à sa fille et la menace de l'arrivée d'un frère que l'on avait cru mort. Ce frère tue Rodrigue, combat les Maures puis épouse l'Infante.*

CHATEAUBRIAND
Le Cid, romance

Prêt à partir pour la rive africaine,
Le Cid armé, tout brilant de valeur,
Sur la guitare, aux pieds de sa Chimène,
Chantait ces vers que lui dictait l'honneur :

Chimène a dit : Va combattre le Maure ;
De ce combat surtout revient vainqueur.
Oui, je croirai que Rodrigue m'adore
S'il fait céder son amour à l'honneur.

— Donnez, donnez et mon casque et ma lance !
Je veux montrer que Rodrigue a du cœur :
Dans les combats signalant sa vaillance,
Son cri sera pour sa dame et l'honneur.

Maure vanté par ta galanterie,
De tes accents mon noble chant vainqueur
D'Espagne un jour deviendra la folie,
Car il peindra l'amour avec l'honneur.

Dans le vallon de notre Andalousie,
Les vieux chrétiens conteront ma valeur :
Il préféra, diront-ils, à la vie,
Son Dieu, son roi, sa Chimène et l'honneur.

(*Poésies diverses*, 1784-1790)

CASIMIR DELAVIGNE
(1793-1843)
La Fille du Cid
(1839)

Cette tragédie en trois actes, représentée sans beaucoup de succès le 15 décembre 1839, exploite le thème romantique du sacrifice.

À Valence, en 1094, le Cid reçoit l'ambassade de Ben-Saïd, qui vient proposer au maître de Valence une alliance avec les Maures. Elvire, la fille du Cid, repousse avec hauteur la proposition : ce sera la guerre. Elle est fiancée au jeune Fernand, fils d'Alvar Fanès, compagnon de guerre du Cid. Fernand a un frère, Rodrigue, objet de tous les mépris, car, reclus dans un couvent pour exaucer un vœu de sa mère, il a les armes en horreur et songe à prononcer des vœux définitifs. Sa faiblesse : il aime Elvire. Cependant, Fanès revient au combat, où Fernand a trouvé la mort. Les ennemis refusent de rendre son corps. Rodrigue, se faisant violence, avour son amour à Elvire, qui ne reste pas insensible, et part au combat aux côtés du Cid, pour ramener à son père le corps de son frère. Le Cid, mortellement blessé, meurt dans les bras de sa fille [1].

Extraits

LE CID ET LE MAURE

Ben-Saïd vient proposer au Cid de s'allier à son maître Abdalla. Il professe à son ennemi ses sentiments d'admiration : les Maures eux-mêmes donnèrent à Rodrigue son surnom de « Cid » :

1. Péripéties et personnages sont inspirés du *Poème du Cid*.

BEN-SAÏD

(après avoir regardé quelques moments le Cid sans parler)

À la fin, noble Cid, nous voilà face à face !
J'ai traversé les mers, les monts, et dans l'espace
J'ai semé par milliers les trépas entre nous,
Pour t'apprendre mon nom et t'en rendre jaloux :
En troubler ton sommeil est l'honneur qui me tente ;
Le tien m'a si souvent réveillé sous ma tente !

LE CID

Je fais ce que je puis, Maure, et ferme les yeux,
Sans m'informer le soir si quelqu'autre a fait mieux.
Pas même toi : partout pour brave on te renomme ;
Mais il reste toujours, si grand que soit l'homme,
Gloire pour tous au champ, comme place au soleil,
Et jamais aucun nom n'a troublé mon sommeil.

BEN-SAÏD

Tu le dis : je te crois ; mais ta réponse est fière,
Quand les vents jusqu'à nous apportent la poussière
Que chassent devant eux nos épais bataillons,
Quand vingt rois sur ce bord plantent leurs pavillons.
S'il eût commandé seul ces tribus innombrables,
Comme les feux du ciel et les grains de nos sables,
Ben-Saïd, à traiter ne s'avilissant point,
T'aurait redemandé, son cimeterre au poing,
Le sang dont Tizonade, en frappant, s'est trempée...
Car on sait aux déserts le nom de ton épée ;
Et ce Babiéça qui sous toi fend les airs,
On le cite en exemple aux coursiers du désert.
J'eusse écrasé les tiens ; je hais toute ta race,
Hors toi seul : ta clémence égale ton audace.

(Acte I, scène 2)

LE TESTAMENT DU CID

*Le Cid a l'intuition qu'il va livrer son dernier combat. Il dicte
son testament à sa fille Elvire :*

D'un je ne sais quel poids mon âme est oppressée ;
C'est faux pressentiment, faiblesse, je le veux ;
Mais, quel que soit mon sort, voici mes derniers vœux :
Sur ma part de butin dote cinq pauvres filles,
Si Valence aujourd'hui reste unie aux Castilles ;

Que pour le voyageur des murs hospitaliers
S'élèvent par tes soins au milieu des halliers,
Où son corps fatigué ne trouve sur la terre
L'ombre qui refraîchit ni l'eau qui désaltère,
Et qu'il ait un abri, sans payer son séjour,
Sur ces monts de Térouel, où j'eus tant soif un jour.
Quant à moi, si je meurs, qu'un convoi me ramène,
À travers les païens, au tombeau de Chimène ;
Que, droit sur les arçons et Tizonade au vent,
La face à l'ennemi, mon corps marche en avant ;
Et si désir leur vient de vous barrer la route,
Mon ombre suffira à les mettre en déroute.

(Acte III, scène 1)

VICTOR HUGO
La Légende des siècles
(1859-1883)

En 1853, Victor Hugo forme le projet de composer une suite de récits épiques et de les réunir sous le titre de Petites Épopées. *C'est en 1859 seulement qu'il en précisa la portée philosophique, concevant l'ensemble comme l'histoire de l'ascension morale de l'homme à travers les siècles. Modestement construit, à l'origine, comme l'évocation des principales étapes de l'histoire humaine, ce vaste poème de la conscience humaine nourrit pour finir l'ambition d'embrasser la totalité de l'espace et du temps et de décrire la lutte de l'homme contre toute oppression :*

« Cet ensemble, que sera-t-il ?
Exprimer l'humanité dans une espèce d'œuvre cyclique ; la peindre successivement et simultanément dans tous ses aspects, histoire, fable, philosophie, religion, science, lesquels se résument en un seul et immense mouvement d'ascension vers la lumière. [...] Les poèmes qui composent ce volume ne sont donc autre chose que des empreintes successives du profil humain, de date en date, depuis Ève, mère des hommes, jusqu'à la Révolution, mère des peuples ; empreintes prises tantôt sur la barbarie, tantôt sur la civilisation [...]. »

(*Préface*, datée du 12 août 1859)

Depuis que son frère Abel avait publié des Romances historiques, *traduites de l'espagnol, en 1822, Hugo s'était intéressé
à la figure du Cid. Il écrit en 1856 le* Romancero du Cid, *publié
dans la seconde édition de* La Légende des siècles *de 1877. Au
début de 1859, il composa* Le Cid exilé *et* Bivar.

*Le Cid de Hugo, très différent de celui de Corneille, est le héros
féodal, indépendant, farouche, dressé contre le roi successivement « jaloux », « ingrat », « défiant », « abject », « fourbe »,
qui ne réussit pas à le faire plier.*

Extrait

LE ROMANCERO DU CID

XVI
LE CID EST LE CID

Don Sanche, une source coule
À l'ombre de mes donjons ;
Comme le Cid dans la foule
Elle est pure dans les joncs.

Je n'ai pas d'autre vignoble ;
Buvez-y ; je vous absous.
Autant que vous je suis noble
Et chevalier plus que vous.

Les savants, ces prêcheurs mornes,
Sire, ont souvent pour refrains
Qu'un trône même a des bornes
Et qu'un roi même a des freins ;

De quelque nom qu'il se nomme,
Nul n'est roi sous le ciel bleu
Plus qu'il n'est permis à l'homme
Et qu'il ne convient à Dieu.

Mais, pour marquer la limite,
Il faudrait étudier ;
Il faudrait être un ermite
Ou bien un contrebandier.

Moi, ce n'est pas mon affaire ;
Je ne veux rien vous ôter ;
Étant le Cid, je préfère
Obéir à disputer.

Accablez nos sombres têtes
De désespoir et d'ennuis,
Roi, restez ce que vous êtes ;
Je reste ce que je suis.

J'ai toujours, seul dans ma sphère,
Souffert qu'on me dénigrât.
Je n'ai pas de compte à faire
Avec le roi, mon ingrat.

Je t'ai, depuis que j'existe,
Donné Jaen, Balbastro,
Et Valence, et la mer triste
Qui fait le bruit d'un taureau,

Et Zamora, rude tâche,
Huesca, Jaca, Teruel,
Et Murcie où tu fus lâche,
Et Vich où tu fus cruel,

Et Lerme et ses sycomores,
Et Tarragone et ses tours,
Et tous les ans des rois mores,
Et le grand Cid tous les jours !

Nos deux noms iront ensemble
Jusqu'à nos derniers neveux.
Souviens-t'en, si bon te semble ;
N'y songe plus, si tu veux.

Je baisse mes yeux, j'en ôte
Tout regard audacieux ;
Entrez sans peur, roi mon hôte ;
Car il n'est qu'un astre aux cieux ;

Cet astre de la nuit noire,
Roi, ce n'est pas le bonheur,
Ni l'amour, ni la victoire,
Ni la force ; c'est l'honneur.

Et moi qui sur mon armure
Ramasse mes blancs cheveux,
Moi sur qui le soir murmure,
Moi qui vais mourir, je veux

Que, le jour où sous son voile
Chimène prendra le deuil,
On allume à cette étoile
Le cierge de mon cercueil.

Ainsi le Cid, qui harangue
Sans peur ni rébellion,
Lèche son maître, et sa langue
Est rude, étant d'un lion.

(Sixième partie :
Après les dieux, les rois)

LE CID EXILÉ

I

Le Cid est exilé. Qui se souvient du Cid ?
Le roi veut qu'on l'oublie ; et Reuss, Almonacid,
Graos, tous ses exploits ressemblent à des songes ;
Les rois maures chassés ou pris sont des mensonges ;
Et quant à ces combats puissants qu'il a livrés,
Pancorbo, la bataille illustre de Givrez
Qui semble une volée effrayante d'épées,
Coca, dont il dompta les roches escarpées,
Gor où le Cid pleurait de voir le jour finir,
C'est offenser le roi que de s'en souvenir.
Même il est malséant de parler de Chimène.

Un homme étant allé visiter un domaine
Dans les pays qui sont entre l'Èbre et le Cil,
Du côté que le Cid habite en son exil,
A passé par hasard devant son écurie ;
Le duc Juan, dont cet homme est serf en Asturie,
Bon courtisan, l'a fait à son retour punir
Pour avoir entendu Babieça hennir.

Donc, chacun l'a pour dit, n'est pas sujet fidèle
Qui parle de Tortose et de la citadelle
Où le glorieux Cid arbora son drapeau ;
Dire ces mots : Baxa, Médina del Campo,
Vergara, Salinas, Mondragon-les-Tours-Noires,
Avec l'intention de nommer des victoires,
Ce n'est point d'un loyal Espagnol ; qu'autrefois
Un homme ait fait lâcher au comte Odet de Foix
Les infantes d'Irun, Payenne et Manteline ;
Que cet homme ait sauvé la Castille orpheline ;
Qu'il ait dans la bataille été le grand cimier ;
Que les maures, foulés par lui comme un fumier,
L'admirent, et, vaincus, donnent son nom célèbre
Au ruisseau Cidacos qui se jette dans l'Èbre ;
Qu'il ait rempli du bruit de ses fiers pas vainqueurs
Astorga, Zamora, l'Aragon, tous les cœurs ;
Qu'il ait traqué, malgré les gouffres et les pièges,
L'horrible Abdulmalic dans la sierra des Neiges,
En janvier, sans vouloir attendre le dégel ;
Qu'il ait osé défendre aux notaires d'Urgel
De dater leurs contrats de l'an du roi de France ;
Que cet homme ait pour tous été la délivrance,
Allant, marchant, courant, volant de tous côtés,
Effarant l'ennemi dans ces rapidités ;
Qu'on l'ait vu sous Lorca, figure surhumaine,
Et devant Balbastro, dans la même semaine,

Qu'il ait, sur la tremblante échelle des hasards,
Calme, donné l'assaut à tous les alcazars,
Toujours ferme, et tojours, à Tuy comme à Valence,
Fier dans le tourbillon sombre des coups de lance,
C'est possible ; mais l'ombre est sur cet homme-là ;
Silence. Est-ce après tout grand-chose que cela ?
Le pont Matamoros peut vous montrer ses brèches :
Mais, s'il parle du Cid vainqueur, bravant les flèches,
On fera démolir le pont Matamoros !
Le roi ne veut pas plus qu'on nomme le héros
Que le pape ne veut qu'on nomme la comète ;
Il n'est pas démontré que l'aigle se permette
De faire encor son nid dans ce mont Muradal,
Qui fit de Tizona la sœur de Durandal.

II

Du reste, comme il faut des héros pour la guerre,
Le roi, cassant le Cid, a trouvé bon d'en faire ;
Il en a fait. L'Espagne a des hommes nouveaux.
Alvar Rambla, le duc Nuño Saz y Calvos,
Don Gil, voilà les noms dont la foule s'effare ;
Ils sont dans la lumière, ils sont dans la fanfare ;
Leur moindre geste s'enfle au niveau des exploits ;
Et, dans leur antichambre, on entend quelquefois
Les pages, d'une voix féminine et hautaine,
Dire : — Ah oui-da, le Cid ! c'était un capitaine
D'alors. Vit-il encor, ce Campéador-là ?

Le Cid n'existe plus auprès d'Alvar Rambla ;
Gil, plus grand que le Cid, dans son ombre le cache ;
Nuño Saz engloutit le Cid sous son panache ;
Sur Achille tombé les myrmidons ont crû ;
Et du siècle du Cid le Cid a disparu.

L'exil, est-ce l'oubli vraiment ? Une mémoire
Qu'un prince étouffe est-elle éteinte pour la gloire ?

Est-ce à jamais qu'Alvar, Nuño, Gil, nains heureux,
Éclipsent le grand Cid exilé derrière eux ?

Quand le voyageur sort d'Oyarzun, il s'étonne,
Il regarde, il ne voit, sous le noir ciel qui tonne,
Que le mont d'Oyarzun, médiocre et pelé :
— Mais ce Pic du Midi, dont on m'avait parlé,
Où donc est-il ? Ce Pic, le plus haut des Espagnes,
N'existe point. S'il m'est caché par ces montagnes,
Il n'est pas grand. Un peu d'ombre l'anéantit. —
Cela dit, il s'en va, point fâché, lui petit,
Que ce mont qu'on disait si haut ne soit qu'un rêve.

Il marche, la nuit vient, puis l'aurore se lève,
Le voyageur repart, son bâton à la main,
Et songe, et va disant tout le long du chemin :
— Bah ! s'il existe un Pic du Midi, que je meure !
La montagne Oyarzun est belle, à la bonne heure ! —
Laissant derrière lui hameaux, clochers et tours,
Villes et bois, il marche un jour, deux jours, trois jours ;
— Le genre humain dirait trois siècles ; — il s'enfonce
Dans la lande à travers la bruyère et la ronce ;
Enfin, par hasard, las, inattentif, distrait,
Il se tourne, et voici qu'à ses yeux reparaît,
Comme un songe revient confus à la pensée,
La plaine dont il sort et qu'il a traversée,
L'église et la forêt, le puits et le gazon ;
Soudain, presque tremblant, là-bas, sur l'horizon
Que le soir teint de pourpre et le matin d'opale,
Dans un éloignement mystérieux et pâle,
Au-delà de la ville et du fleuve, au-dessus
D'un tas de petits monts sous la brume aperçus
Où se perd Oyarzun avec sa butte informe,
Il voit dans la nuée une figure énorme ;
Un mont blême et terrible emplit le fond des cieux ;
Un pignon de l'abîme, un bloc prodigieux
Se dresse, aux lieux profonds mêlant les lieux sublimes ;
Sombre apparition de gouffres et de cimes,
Il est là ; le regard croit, sous son porche obscur,
Voir le nœud monstrueux de l'ombre et de l'azur,
Et son faîte est un toit sans brouillard et sans voile
Où ne peut se poser d'autre oiseau que l'étoile ;
C'est le Pic du Midi.
                              L'Histoire voit le Cid. [...]

                                   (Onzième partie : *Le Cid exilé*)

LE CONTE DE LISLE
Poèmes barbares
(1872)

Pour le chef de file des poètes parnassiens, l'impersonnalité des grands sujets et des thèmes éternels permet seule « la contemplation sereine des formes divines ». Influencé par les premières théories positivistes, Leconte de Lisle, en abordant avec rigueur et minutie les mondes et civilisations disparus qu'il tente de restituer, prétend réconcilier les libertés de la poésie avec les exigences de la science. Les recherches approfondies en matière

d'archéologie et d'histoire, le parti pris d'objectivité, les jeux
d'érudition créent un puissant effet de dépaysement.

LA TÊTE DU COMTE

Les chandeliers de fer flambent jusqu'au plafond
Où, massive, reluit la poutre transversale.
On entend crépiter la résine qui fond.

Hormis cela, nul bruit. Toute la gent vassale,
Écuyers, échansons, pages, Maures lippus,
Se tient debout et roide autour de la grand'salle.

Entre les escabeaux et les coffres trapus
Pendent au mur, dépouille aux Sarrasins ravie,
Cottes, pavois, cimiers que les coups ont rompus.

Don Diego, sur la table abondamment servie,
Songe, accoudé, muet, le front contre le poing.
Pleurant sa flétrissure et l'honneur de sa vie.

Au travers de sa barbe et le long du pourpoint
Silencieusement vont ses larmes amères,
Et le vieux Cavalier ne mange et ne boit point.

Son âme, sans repos, roule mille chimères :
Hauts faits anciens, désir de vengeance, remords
De tant vivre au-delà des forces éphémères.

Il mâche sa fureur comme un cheval son mors ;
Il pense, se voyant séché par l'âge aride,
Que dans leurs tombeaux froids bienheureux sont les morts.

Tous ses fils ont besoin d'éperon, non de bride,
Hors Rui Diaz, pour laver la joue où saigne, là,
Sous l'offense impunie une suprême ride.

Ô jour, jour détestable où l'honneur s'envola !
Ô vertu des aïeux par cet affront souillée !
Ô face que la honte avec deux mains voila !

Don Diego rêve ainsi, prolongeant la veillée,
Sans ouïr, dans sa peine enseveli, crier
De l'huis aux deux battants la charnière rouillée.

Don Rui Diaz entre. Il tient de son poing meurtrier
Par les cheveux la tête à prunelle hagarde,
Et la pose en un plat devant le vieux guerrier.

Le sang coule, et la nappe en est rouge. — Regarde !
Hausse la face, père ! Ouvre les yeux et vois !
Je ramène l'honneur sous ton toit que Dieu garde.

Père ! j'ai relustré ton nom et ton pavois,
Coupé la male langue et bien fauché l'ivraie. —
Le vieux dresse son front pâle et reste sans voix.

Puis il crie : — Ô mon Rui, dis si la chose est vraie !
Cache la tête sous la nappe, ô mon enfant !
Elle me change en pierre avec ses yeux d'orfraie.

Couvre ! car mon vieux cœur se romprait, étouffant
De joie, et ne pourrait, ô fils, te rendre grâce,
A toi, vengeur d'un droit que ton bras sûr défend.

À mon haut bout sieds-toi, cher astre de ma race !
Par cette tête, sois tête et cœur de céans,
Aussi bien que je t'aime et t'honore et t'embrasse.

Vierge et Saints ! mieux que l'eau de tous les océans
Ce sang noir a lavé ma vieille joue en flamme.
Plus de jeûnes, d'ennuis, ni de pleurs malséants !

C'est bien lui ! Je le hais, certe, à me damner l'âme ! —
Ruy dit : — L'honneur est sauf, et sauve la maison,
Et j'ai crié ton nom en enfonçant ma lame.

Mange, père ! — Diego murmure une oraison ;
Et tous deux, s'asseyant côte à côte à la table,
Graves et satisfaits, mangent la venaison,

En regardant saigner la Tête lamentable.

LA XIMENA

En Castille, à Burgos, Hernan [1], le Justicier,
Assis, les reins cambrés, dans sa chaise à dossier,
Juge équitablement démêlés et tueries,
Foi gardée en León, traîtrise en Asturies,
Riches hommes, chauffés d'avarice, arrachant
Son escarcelle au Juif et sa laine au marchand,
Et ceux qui, rendant gorge après leur équipée,
Ont sauvé le chaudron, la bannière et l'épée.

Or, les arrêts transmis par les scribes, selon
Les formes, au féal aussi bien qu'au félon,
Les massiers dépêchés, les sentences rendues,
Les délinquants ayant payé les sommes dues,
Pour tout clore, il advient que trente fidalgos
Entrent, de deuil vêtus, et par deux rangs égaux.
La Ximena Gomez marche au centre. Elle pleure
Son père mort pour qui la vengeance est un leurre.

La sombre cape enclôt de plis roides et longs
Son beau corps alangui, de l'épaule aux talons ;
Et, de l'ombre que fait la coiffe et qu'il éclaire,
Sort comme un feu d'amour, d'angoisse et de colère.

1. Le roi Fernand.

Devant la chaise haute, en son chagrin cuisant,
Elle heurte aux carreaux ses deux genoux, disant :

— Seigneur ! donc, c'est d'avoir vécu sans peur ni blâme,
Que, six mois bien passés, mon père a rendu l'âme
Par les mains de celui qui, hardi cavalier,
S'en vient, pour engraisser son faucon familier,
Meurtrir au colombier mes colombes fidèles
Et me teindre la cotte au sang qui coule d'elles !
Don Rui Diaz de Vivar, cet orgueilleux garçon,
Méprise grandement, et de claire façon,
De tous tes sénéchaux la vaine chevauchée,
Cette meute sans nez sur la piste lâchée,
Et qu'il raille, sachant, par flagrantes raisons,
Que tu ne le veux point forcer en ses maisons.
Suis-je d'un sang si vil, de race tant obscure,
Roi, que du châtiment il n'ait souci ni cure ?
Je te le dis, c'est faire affront à ton honneur
Que de celer le traître à ma haine, Seigneur !
Il n'est point roi, celui qui défaille en justice,
Afin qu'il plaise au fort et que l'humble pâtisse
Sous l'insolente main chaude du sang versé !
Et toi, plus ne devrais combattre, cuirassé
Ni casqué, manger, boire, et te gaudir en somme
Avec la Reine, et dans son lit dormir ton somme,
Puisque, ayant quatre fois tes promesses reçu,
L'espoir de ma vengeance est quatre fois déçu,
Et que d'un homme, ô Roi, haut et puissant naguère,
Le plus sage aux Cortès, le meilleur dans la guerre,
Tu ne prends point la race orpheline en merci ! —

La Ximena se tait quand elle a dit ceci.

Hernan répond :

                    — Par Dieu qui juge ! damoiselle,
Ta douloureuse amour explique assez ton zèle,
Et c'est parler fort bien. Fille, tes yeux si beaux
Luiraient aux trépassés roidis dans leurs tombeaux,
Et tes pleurs aux vivants mouilleraient la paupière,
Eussent-ils sous l'acier des cœurs durs comme pierre.
Apaise néanmoins le chagrin qui te mord.
Si Lozano Gomez, le vaillant Comte, est mort,
Songe qu'il offensa d'une atteinte très grave
L'honneur d'un cavalier de souche honnête et brave,
Plus riche qu'Iñigo, plus noble qu'Abarca,
Du vieux Diego Lainez à qui force manqua.
Le Comte est mort d'un coup loyal, et, tout l'atteste,
Dieu dans son paradis l'a reçu sans conteste.

Si je garde Don Rui, fille, c'est qu'il est tien.
Certes, un temps viendra qu'il sera ton soutien,
Changeant détresse en joie et gloire triomphante. —

Puis, cela dit, tous deux entrèrent chez l'Infante.

JOSÉ-MARIA DE HÉRÉDIA
Les Trophées
(1893)

Le *Romancero* [1]

Brève « légende des siècles », le recueil des Trophées *explore des civilisations, des histoires ou des paysages, évoquant en un raccourci érudit et virtuose l'Antiquité gréco-latine, la Renaissance italienne et espagnole, l'Égypte, le Japon.*
Le Romancero *comporte trois poèmes de structure identique, et sortent exceptionnellement du cadre rigide du sonnet.*
Comme Leconte de Lisle, Hérédia exploite les données du Romancero *espagnol et les* Enfances du Cid *de Guillén de Castro.*

LE SERREMENT DE MAINS

Songeant à sa maison, grande parmi les grandes,
Plus grande qu'Iñigo lui-même et qu'Abarca [2],
Le vieux Diego Laynez ne goûte plus aux viandes.

Il ne dort plus, depuis qu'un sang honteux marqua
La joue encore chaude où l'a frappé le Comte,
Et que pour se venger la force lui manqua.

Il craint que ses amis ne lui demandent compte.
Et ne veut pas, navré d'un vertueux ennui,
Leur laisser respirer l'haleine de sa honte.

Alors il fit querir et rangea devant lui
Les quatre rejetons de sa royale branche,
Sanche, Alfonse, Manrique et le plus jeune, Ruy.

1. Le *Romancero* parut d'abord en 1885 dans *La Revue des Deux-Mondes.*
2. Iñigo et Abarca : fiefs aristocratiques.

Son cœur tremblant faisait trembler sa barbe blanche ;
Mais l'honneur roidissant ses vieux muscles glacés,
Il serra fortement les mains de l'aîné, Sanche.

Celui-ci, stupéfait, s'écria : — C'est assez !
Ah ! vous me faites mal ! — Et le second, Alfonse,
Lui dit : — Qu'ai-je donc fait, père ? Vous me blessez ! —

Puis Manrique : — Seigneur, votre griffe s'enfonce
Dans ma paume et me fait souffrir comme un damné.
— Mais il ne daigna pas leur faire une réponse.

Sombre, désespérant en son cœur consterné
D'enter sur un bras fort son antique courage,
Diego Laynez marcha vers Ruy, le dernier-né.

Il l'étreignit, tâtant et palpant avec rage
Ces épaules, ces bras frêles, ces poignets blancs,
Ces mains, faibles outils pour un si grand ouvrage.

Il les serra, suprême espoir, derniers élans !
Entre ses doigts durcis par la guerre et le hâle.
L'enfant [1] ne baissa pas ses yeux étincelants.

Les yeux froids du vieillard flamboyaient. Ruy tout pâle,
Sentant l'horrible étau broyer sa jeune chair,
Voulut crier ; sa voix s'étrangla dans un râle.

Il rugit : — Lâche-moi, lâche-moi, par l'enfer !
Sinon, pour t'arracher le cœur avec le foie,
Mes mains se feront marbre et mes dix ongles fer ! —

Le Vieux tout transporté dit en pleurant de joie :
— Fils de l'âme, ô mon sang, mon Rodrigue, que Dieu
Te garde pour l'espoir que ta fureur m'octroie ! —

Avec des cris de haine et des larmes de feu,
Il dit alors sa joue insolemment frappée,
Le nom de l'insulteur et l'instant et le lieu ;

Et tirant du fourreau Tizona [2] bien trempée,
Ayant baisé la garde ainsi qu'un crucifix,
Il tendit à l'enfant la haute et lourde épée.

— Prends-la. Sache en user aussi bien que je fis.
Que ton pied soit solide et que ta main soit prompte.
Mon honneur est perdu. Rends-le-moi. Va, mon fils. —

Une heure après, Ruy Diaz avait tué le Comte.

---

1. Conformément à l'un des plus anciens récits, Hérédia fait de Ruy,
tuant don Gormas, un très jeune homme de treize ans.
2. Voir *La Légende des siècles*, p. 130.

LE TRIOMPHE DU CID

Les portes du palais s'ouvrirent toutes grandes,
Et le roi Don Fernan sortit pour recevoir
Le jeune chef rentrant avec ses vieilles bandes.

Quittant cloître, métier, champ, taverne et lavoir,
Clercs, bourgeois ou vilains, tout le bon peuple exulte ;
Les femmes aux balcons se penchent pour mieux voir.

C'est que, vengeur du Christ que le Croissant insulte,
Rodrigue de Bivar, vainqueur, rentre aujourd'hui
Dans Zamora [1] qu'emplit un merveilleux tumulte.

Il revient de la guerre, et partout devant lui,
Sur son genet rapide et rayé comme un zèbre
Le cavalier berbère en blasphémant a fui.

Il a tout pris, pillé, rasé, brûlé, de l'Èbre
Jusques au Guadiana [2] qui roule un sable d'or,
Et de l'Algarbe [3] en feu monte un long cri funèbre.

Il revient tout chargé de butin, plus encor
De gloire, ramenant cinq rois de Morérie [4].
Ses captifs l'ont nommé le Cid Campeador.

Tel Ruy Diaz, à travers le peuple qui s'écrie,
La lance sur la cuisse, en triomphal arroi,
Rentre dans Zamora pavoisée et fleurie.

Donc, lorsque les huissiers annoncèrent : Le Roi !
Telle fut la clameur, que corbeaux et corneilles
Des tours et des clochers s'envolèrent d'effroi.

Et Don Fernan debout sous les portes vermeilles,
Un instant, ébloui, s'arrêta sur le seuil
Aux acclamations qui flattaient ses oreilles.

Il s'avançait, charmé du glorieux accueil...
Tout à coup, repoussant peuple, massiers et garde,
Une femme apparut, pâle, en habits de deuil.

1. Ville du León, que Hérédia préfère à Burgos, comme le veut le texte espagnol.
2. Important fleuve d'Espagne. Hérédia fait allusion aux paillettes aurifères que ses eaux charrient.
3. L'Algarbe, ou Algarve, province du sud du Portugal, fut un royaume maure du VIIIe au XIIIe siècle.
4. Transcription de l'espagnol *Moreria*, ce mot désigne de façon assez vague les territoires sous domination maure.

Ses yeux resplendissaient dans sa face hagarde,
Et, sous le voile épars de ses longs cheveux roux [1],
Sanglotante et pâmée, elle cria : — Regarde !

Reconnais-moi ! Seigneur, j'embrasse tes genoux.
Mon père est mort qui fut ton fidèle homme lige ;
Fais justice, Fernan, venge-le, venge-nous !

Je me plains hautement que le Roi me néglige
Et ne veux plus attendre, au gré du meurtrier,
La vengeance à laquelle un grand serment t'oblige.

Oui, certe, ô Roi, je suis lasse de larmoyer ;
La haine dans mon cœur bout et s'irrite et monte
Et me prend à la gorge et me force à crier :

Vengeance, ô Roi, vengeance et justice plus prompte !
Tire de l'assassin tout le sang qu'il me doit ! —
Et le peuple disait : — C'est la fille du Comte.

Car d'un geste rigide elle montrait du doigt
Cid Ruy Diaz de Bivar qui, du haut de sa selle,
Lui dardait un regard étincelant et droit.

Et l'œil sombre de l'homme et les yeux clairs de celle
Qui l'accusait, alors se croisèrent ainsi
Que deux fers d'où jaillit une double étincelle.

Don Fernan se taisait, fort perplexe et transi,
Car l'un et l'autre droit que son esprit balance
Pèse d'un poids égal qui le tient en souci.

Il hésite. Le peuple attendait en silence.
Et le vieux Roi promène un regard incertain
Sur cette foule où luit l'éclair des fers de lance.

Il voit les cavaliers qui gardent le butin,
Glaive au poing, casque en tête, au dos la brigandine,
Rangés autour du Cid impassible et hautain.

Portant l'étendard vert consacré dans Médine,
Il voit les captifs pris au Miramamolin [2],
Les cinq Émirs vêtus de soie incarnadine ;

---

1. Cette chevelure rousse est la marque de l'ascendance wisigothe de
Chimène. Les Goths fondèrent un petit royaume en Espagne, du Ve au
VIIe siècle. Ce détail savant a pour fonction de souligner la haute naissance de Chimène.
2. Miramamolin, ou Miramolin, est une déformation d'une expression arabe signifiant « commandeur des croyants ». Il évoque mythi-
quement la puissance musulmane.

Et derrière eux, plus noirs sous leurs turbans de lin,
Douze nègres, chacun menant un cheval barbe.
Or, le bon prince était à la justice enclin :

— Il a vengé son père, il a conquis l'Algarbe ;
Elle, au nom de son père, inculpe son amant. —
Et Don Fernan pensif se caresse la barbe.

— Que faire, songe-t-il, en un tel jugement ? —
Chimène à ses genoux pleurait toutes ses larmes.
Il la prit par la main et très courtoisement :

— Relève-toi, ma fille, et calme tes alarmes,
Car sur le cœur d'un prince espagnol et chrétien
Les larmes de tes yeux sont de trop fortes armes.

Certes, Bivar m'est cher ; c'est l'espoir, le soutien
De Castille ; et pourtant j'accorde ta requête,
Il mourra si tu veux, ô Chimène, il est tien.

Dispose, il est à toi. Parle, la hache est prête ! —
Ruy Diaz la regardait, grave et silencieux.
Elle ferma les yeux, elle baissa la tête.

Elle n'a pu braver ce front victorieux
Qu'illumine l'ardeur du regard qui la dompte ;
Elle a baissé la tête, elle a fermé les yeux.

Elle n'est plus la fille orgueilleuse du Comte,
Car elle sent rougir son visage, enflammé
Moins encor de courroux que d'amour et de honte.

— C'est sous un bras loyal par l'honneur même armé
Que ton père a rendu son âme — que Dieu sauve !
L'homme applaudit au coup que le prince a blâmé.

Car l'honneur de Laynez et Laÿn le Chauve,
Non moins pur que celui des rois dont je descends,
Vaut l'orgueil du sang goth qui dore ton poil fauve.

Condamne, si tu peux... Pardonne, j'y consens.
Que Gormaz et Laynez à leur antique souche,
Voient par vous reverdir des rameaux florissants.

Parle, et je donne à Ruy, sur un mot de ta bouche,
Belforado, Saldagne et Carrias del Castil. —
Mais Chimène gardait un silence farouche.

Fernan lui murmura : — Dis, ne te souvient-il,
Ne te souvient-il plus de l'amour ancienne ? —
Ainsi parle le Roi gracieux et subtil.

Et la main de Chimène a frémi dans la sienne.

GEORGES FOUREST
La Négresse blonde [1]
(1909)

LE CID

> *Va, je ne te hais point.*
>
> P. CORNEILLE.

Le palais de Gormaz, comte et gobernador,
est en deuil : pour jamais dort couché sous la pierre
l'hidalgo dont le sang a rougi la rapière
de Rodrigue appelé le Cid Campeador.

Le soir tombe. Invoquant les deux saints Paul et Pierre
Chimène, en voiles noirs, s'accoude au mirador
et ses yeux dont les pleurs ont brûlé la paupière
regardent, sans rien voir, mourir le soleil d'or...

Mais un éclair, soudain, fulgure en sa prunelle :
sur la plaza Rodrigue est debout devant elle !
Impassible et hautain, drapé dans sa capa,

le héros meurtrier à pas lents se promène :
« Dieu ! » soupire à part soi la plaintive Chimène,
qu'il est joli garçon l'assassin de Papa ! »

(Carnaval de chefs-d'œuvre)

1. *La Négresse blonde* a été réunie au *Géranium ovipare* en 1966 pour le Livre de Poche (n° 1364).

EDMOND BRUA
La Parodie du Cid [1]
(1941)

PERSONNAGES

DODIÈZE, marchand de brochettes, courtier électoral
GONGORMATZ, dit « Le Comte », ancien patron coiffeur, courtier
    électoral.
RORO, chômeur, fils de Dodièze
Monsieur FERNAND, député
FATMA, femme de ménage chez Mme Carmen
AYACHE, agent électoral
ALPHONE, agent électoral
ALI, petit commissionnaire
CHIPETTE, sans profession, fille de Gongormatz, fiancée de Roro
Madame CARMEN, propriétaire
FIFINE, bonne à tout faire chez les Gongormatz

La scène est à Bal-el-Oued, à Alger, sous la IIIᵉ République.

ACTE I
Scène 4

DODIÈZE, *l'espadrille à la main.*

Qué rabbia ! Qué malheur ! Pourquoi qu' c'est qu'on vient vieux ?
Mieux qu'on m'aurait lévé d'un coup la vue des yeux !
Travailler quarante ans négociant des brochettes,
Que chez moi l'amateur toujours y s'les achète,
Pour oir un falampo qu'y me frappe en-dessur
A'c mon soufflet tout neuf, qu'il est mort, ça c'est sûr !

Ce bras, qu'il a tant fait le salut militaire,
Ce bras, qu'il a lévé des sacs des pons de terre,
Ce bras, qu'il a gagné des tas des baroufas,
Ce bras, ce bras d'honneur, oilà qu'y fait tchoufa !
Moi, me manger des coups ? Alors, ça, c'est terrible !
Çuilà qui me connaît y dit : « C'est pas possibe !
Gongormatz, à Dodièze, il y'a mis un taquet ?
Allez, va, va de là ! Ti'as lu ça dans *Mickey* ? »
Eh ben ! ouais, Gongormatz il a drobzé Dodièze ;
Il y'a lévé l'HONNEUR, que c'est pir' que le pèze.
Aousqu'il est le temps de quand j'étais costaud ?
Ô Fernand, je te rends ça qu'tu m'as fait cadeau !
    (Il arrache sa décoration.)

1. *La Parodie du Cid* a été représentée pour la première fois, le
3 novembre 1941, au Théâtre du Colisée, à Alger.

Je suis décommandeur du Nitram Ifrikate.
                    (Il essaie de se rechausser.)
Et toi que ti'as rien fait, calamar de savate,
Au pluss je t'arrégare, au plus je ois pas bien
Si ma main c'est mon pied ou mon pied c'est ma main...

Scène 5

Dodièze, *l'espadrille à la main* ; Roro.

DODIÈZE

Ô Roro, ti'ás pas peur ?

RORO

                    Si ça s'rait pas mon père,
Qu'est-c' que j'y réponds pas !

DODIÈZE

                    Qué gentil carattère !
Ça fait plaisir de oir comme y prend la rabbia.
Çuilà, c'est tout craché la photo à papa.
Dès, c'est moi ou c'est toi que j'me ois dans la glace ?
Allez, va, viens, mon fils, viens me laver la face,
Viens me manger !

RORO

De quoi ?!

DODIÈZE

                    Me... venger d'un macro
Qu'à l'honneur de nous aut' y vient d'faire un accroc.
D'un bon coup de soufflet y m'a donné le compte.
Si je me retiens pas, ay ! comm' ça l'œil j'y monte !
Tâche moyen de oir ousqu'y s'est ensauvé ;
Mâ entention, fais gaffe, il a rien du cavé ;
C'est...

RORO

Allez, disez-le !

DODIÈZE

C'est le père à Chipette.

RORO

Le...

DODIÈZE

Basta ! Je connais ça que ti'as dans la tête.
(Il lui tend son espadrille.)
Mâ comme y dit Fernand, le de'oir avant tout !
Va, cours, vole, assassine et bouffes-y... le mou !
(Exit Dodièze.)

Scène 6

RORO, *l'espadrille à la main.*

Traversé jusqu'à l'os du cœur,
L'amour y me retient, le de'oir y m'appelle !
La querelle à papa faut qu'j'en fais ma querelle
Pour un p'tit coup d'soufflet qu'y s'a pris par erreur !
Atso ! C'est rigolo comm' la vie elle est triste !
        Je viens antitoutiste !
Moi et Chipette on était fiancés,
        Michquine et michquinette !
Allez ! Mon père y s'a fait renfoncer.
Et l'enfonceur, c'est le père à Chipette !

Eh ben ! ti'es dans des jolis draps !
Ouais, l'honneur il est prope et l'amour elle est fraîche !
Ça qu'y veut cuilà-là, oilà qu'l'aute y l'empêche ;
Un y te pousse en haut, l'aute y te tire en bas.
Méteunant, ti'as le choix : ou tu perds ta future,
        Ou tu perds la fugure !
Total, c'est tout. Le sort il est jeté,
        Michquine et michquinette !
Pour un gnafron*, pour un père ensulté,
Faut qu'j me donne a'c le père à Chipette !

Mon père y fait bien les discours
A'c le de'oir, l'amour, l'honneur, la rigolade,
Le bras, les mains, les pieds. Ay, ay, ay ! qué salade !
Ou bien c'est la faillite, ou bien y'a plus d'amour.
Souyer, petit souyer qu'y m'a donné mon père
        Pour y donner sa mère
À Gongormatz, mon futur bienfaiteur,
        Michquine et michquinette !
Petit souyer, dis-moi si ti'as le cœur
Pour y donner la grand'mère à Chipette !

---

* Lapsus pour : un affront (Note de l'auteur).

En tapant Gongormatz, qu'est-c' qu'y dira sa fille ?
Que c'est pas des façons d'rentrer dans la famille.
Mâ, en pas le tapant, qu'est-c' qu'y dira papa ?
Total, des deux côtés, et tourne et vogue et danse !
   La valse y rôcommence !
  Je viens jmaous. Je ois tout à l'envers.
   Michquine et michquinette !
  Allez, Roro, sors-toi le rivolver !
  Y faut pas fair' de la peine à Chipette.

  Ho ! Moi je meurs et j'ai rien fait ?
Chipette y prend le deuil, dans huit jours y s'le quitte ;
Le premier calamar y marie la petite
Et mon père y reste axe a'c son coup de soufflet,
Du temps que Gongormatz... Non ! La vie elle est courte,
   Ô mortéguidamourte !
Où'il est ? Où'il est, ce grand lâche ?... Et qui c'est ?...
   Aousque j'ai la tête ?
  Papa, michquine, y s'a fait renfoncer,
  Et l'enfonceur, c'est le père à Chipette !

GLOSSAIRE DES TERMES PATAOUÈTES

Ac : (prép.), syncope de « avec » ; on dit aussi, par aphérèse : *vec.*

Aousque, d'aousque : (adv.), où est-ce que ? d'où est-ce que ? où ? d'où ?

Arrégarder : (v. irrég.) regarder.

Atso : (napolitain *cazzo* : membre viril), interj. polyvalente ; dans son sens le moins fort : eh !

Axe (rester) *:* (italien *rimanere in asso*, litt., rester sur l'as, cf. « as de pique », croupion) ; tomber sur le cul (en pat. « tomber de cul ») : rester tout étonné.

Baroufa : (s.f.) (italien *barùffa*), querelle, bagarre ; par extension, tapage.

Calamar : (s.m.) (fr. calmar) mollusque, voisin des seiches, rejetant à volonté une liqueur noire ; au fig. : personnage ridicule et importun. Symbole de la mélancolie.

Dès ! : (interj.) (cf. italien *deh !* de grâce !), dis ! On dit toutefois : dis donc !

Drobzer : frapper, assommer.

Falampo : (s.m.) (italien *faloppone*, même sens), menteur, hâbleur.

Fugure : figure ; « perdre la fugure » : perdre la face.

Jmaous : (adj.) (étym. incertaine ; ital. *scemo* : imbécile ?), syn. de « maboul ».

Léver : enlever, ôter. « Léver des sacs de pons de terre » : soulever...

Mâ : (conj.) (ital. *ma*) mais.

Manger (se) : « déguster » passivement ; « se manger des coups ».

Michquine : (arabe *meskine*) pauvre ; diminutif « michquinette »).

Monter l'œil (à quelqu'un) : le lui pocher.

Oir : voir.

Rabbia : (s.f.) (italien) rage.

Taquet : (s.m.) coup bien ajusté.

Tchoufa : onomat. indiquant le dégonflement. « Faire tchoufa » : échouer lamentablement.

> (*La Parodie du Cid*,
> édition de 1961, Baconnier)

LE CID À L'OPÉRA

Amore et Dovere, de Domenico David, musique de Niccolini, donné à Venise en 1697.

Rodrigo, musique de Haendel, donné en 1708.

Il Gran Cid, musique d'Ant. Maria Gasparo Sacchini, donné à Rome en 1764.
Le même opéra, adapté par Carl Weber, fut donné en Allemagne sous le nom de *Rodrigue* en 1821.

Il Gran Cid, de Paisiello, donné à Florence en 1776.

Le Cid, en quatre actes et dix tableaux, paroles de d'Ennery, Louis Gallet et Édouard Blau, musique de Jules Massenet, donné à Paris en 1885.

Acte I : à Burgos, chez le comte de Gormas, une foule de seigneurs commentent la grande nouvelle : Rodrigue, le jour même, va être armé chevalier par le roi. On apprendra également le nom du gouverneur choisi par le roi pour l'Infante. Chimène, présente, laisse éclater sa joie d'aimer Rodrigue et d'être aimée de lui, à la plus grande satisfaction de son père. Cependant, l'Infante lui fait part de son amour sans espoir pour Rodrigue.
Devant la cathédrale de Burgos, le peuple rend grâces à Dieu

*et à saint Jacques. Le roi arme Rodrigue chevalier, qui met son
épée au service de l'Espagne et de sa liberté. Puis il nomme don
Diègue gouverneur. Le comte, fou de colère, donne un soufflet
à don Diègue, qui, trop affaibli par l'âge pour se venger, charge
son fils de laver l'affront.*

ACTE II

Premier tableau

*Une rue à Burgos. La nuit. Peu de lune. À droite, le palais du comte.
À gauche, une lampe allumée devant une madone.*

RODRIGUE, *s'avance lentement.*

Percé jusqu'au fond du cœur
D'une atteinte imprévue aussi bien que mortelle,
Par l'injuste rigueur d'une juste querelle
Je deviens la victime, en étant le vengeur !
Ô Dieu, l'étrange peine, l'étrange peine !
Si près de voir l'amour récompensé,
En cet affront, mon père est l'offensé,
Et l'offenseur, le père de Chimène !
(Il fait un mouvement pour s'éloigner. Revenant.)
Non !
Je dois tout à mon père avant qu'à ma maîtresse.
Que je meure au combat, ou meure de tristesse
Je rendrai mon sang pur comme je l'ai reçu !
Ah ! qu'importe ma peine, ma peine !
C'est trop déjà d'avoir tant balancé !
Puisqu'aujourd'hui mon père est l'offensé
Et l'offenseur le père de Chimène !

*Puis, sur une place de Burgos, la foule en liesse acclame
l'Infante qui distribue des aumônes, tandis que le roi fait son
entrée, suivi de Chimène éplorée : elle vient demander vengeance
au roi. Don Diègue offre d'être châtié à sa place. Mais un émis-
saire maure se présente pour annoncer que la guerre va reprendre. Rodrigue sollicite d'être choisi comme capitaine : le roi
accepte.*

ACTE III

Chez Chimène. Rodrigue paraît, avec effroi.

CHIMÈNE

Rodrigue ! Toi ! toi ! dans cette demeure !

RODRIGUE, *doux et résigné.*

Alors que je te laisse, ou devant que je meure
Une dernière fois j'ai voulu te revoir !

CHIMÈNE, *sombre.*

Tu viens me reprocher l'éclat de ma colère !
Pourtant je sais de toi comme on fait son devoir !

RODRIGUE, *toujours loin d'elle.*

De ce que tu peux faire
Je ne reproche rien,
Venant de toi, Chimène, tout est bien !
En vain tu seras cruelle,
Je garde à ton cœur fermé
Reconnaissance éternelle
De m'avoir un jour aimé !

ENSEMBLE

Ô jours de première tendresse
Même alors que vous n'êtes plus,
En nous demeure votre ivresse
Comme on reste ébloui de rayons disparus !

CHIMÈNE, *émue.*

Qui de nous deux, Rodrigue, a la plus rude peine ?

RODRIGUE

Celui-là qui n'a pas l'oubli de ses amours !

CHIMÈNE

Mais la gloire t'attend aux chemins où tu cours !

RODRIGUE

Y devais-je courir en emportant ta haine ?

CHIMÈNE

Va, je ne te hais pas !

RODRIGUE, *se rapprochant.*

Tu le dois !

CHIMÈNE

Je ne puis ! Hélas !
Si d'un autre que toi j'avais appris les larmes,
Mon âme aurait trouvé dans le bien de te voir
L'unique allègement qu'elle eût pu recevoir ;
Mais quand c'est de toi seul que viennent mes alarmes ;
Mon faible cœur se brise à te vouloir punir.
Je demande ta vie et crains de l'obtenir !

RODRIGUE

Ô miracle d'amour !

CHIMÈNE

Ô comble de misères !

ENSEMBLE

Que de maux et de pleurs nous coûteront nos pères !

CHIMÈNE

Ah ! Rodrigue, qui l'eût pensé !

RODRIGUE

Hélas ! qui nous l'aurait dit, Chimène ?

ENSEMBLE

Que la félicité prochaine
Aurait si loin de nous et si vite passé... pour jamais !

CHIMÈNE

Ah ! Tais-toi ! c'est assez de blasphèmes !
J'offense en t'écoutant
Et la tombe et le ciel ! Va-t'en, va-t'en, va-t'en !

RODRIGUE, *qui a reculé sous le geste et la parole de Chimène*

Reçois donc mes adieux suprêmes !
Je vais mourir !

CHIMÈNE, *faisant un pas vers Rodrigue, comme pour le retenir.*

Mourir ! tu vas mourir ! L'ennemi qui t'attend
Est-il si redoutable
Qu'il donne l'épouvante à cette âme indomptable !
Ou n'as-tu de courage et d'élan et d'ardeur
Que pour frapper mon père et me briser le cœur ?
Tu vas mourir !...
Quoi ! faut-il que ce soit Chimène qui t'engage
À conserver des jours qui lui sont un outrage !
Va, cours, vole au combat ! Et qu'importent la rage
Et le nombre et l'instant et le lieu. Souviens-toi !
Sauve, tu l'as juré, ton pays et ton Roi !
Sauve, tu l'as juré, ton pays et ton Roi !
Te dirai-je encore plus ?
Si jamais je t'aimai, cher Rodrigue, si jamais je t'aimai !
Va ! songe à ta défense !...
Pour forcer mon devoir et m'imposer silence.
Reviens ! reviens !
Reviens si grand ! Reviens chargé de tants d'exploits
Qu'on serait moins coupable en contemplant ta gloire
D'oublier le passé que d'en garder mémoire !

RODRIGUE

Pouvais-je le croire ?
Dieu !... elle pardonnerait !

CHIMÈNE

Ah ! mon cœur tressaille encore !...
Pour celui que j'aimais
Mon cœur tressaille encore.
Mais le Dieu que j'implore
Nous sépare à jamais !

RODRIGUE

Ô Dieu bon ! Dieu bon ! tu le permets !
Ah ! son cœur tressaille encore !
Pour celui qu'elle adore,
À jamais ! son cœur tressaille encore !
        (Avec éclat.)
Chimène ! tu l'as dit : je reviendrai vainqueur !

CHIMÈNE

Ah ! qu'ai-je dit ! non ! non !
Je n'ai rien dit ! rien ! rien ! rien !
Ah ! pas d'oubli ni de pardon ! Adieu, va-t'en !
Ces mots me font mourir de honte.
Ah ! adieu !
        (Elle s'enfuit.)
RODRIGUE

Chimène ! je reviendrai vainqueur !
        (Transfiguré.)
Est-il quelque ennemi qu'à présent je ne dompte ?
Paraissez, Navarrais, Maures et Castillans,
Et tout ce que l'Espagne a nourri de vaillants !
Accourez par les mers, par les monts ou la plaine !
La terre est à Rodrigue et Rodrigue à Chimène !
Paraissez, Navarrais, Maures et Castillans !

Le deuxième et le troisième tableau représentent le camp de Rodrigue. Alors que celui-ci, doutant de sa victoire sur les Maures, cède à un mouvement de découragement, l'image de saint Jacques de Compostelle lui apparaît (détail inspiré par le texte de Guillén de Castro) : « Tu seras vainqueur », lui promet-elle.

Acte IV : à Grenade, don Diègue, l'Infante et Chimène sont au désespoir : Rodrigue est mort. La nouvelle était fausse, et Rodrigue paraît enfin, acclamé par les soldats et par la foule. Chimène réclame encore vengeance, puis pardonne :

LE ROI

Je t'ai promis, un arrêt qui te venge.
Réclame le serment ! Je prétends le tenir !

TOUS, *s'adressant à Chimène.*

Chimène, tu l'entends ! parle !
Le Roi va t'obéir ! prononce !
Parle ! Prononce ! Oserais-tu punir ?

CHIMÈNE, *égarée.*

Quoi ! ce front glorieux, cette âme
Si pleine de douceur ! Ce héros, cet amant
Seraient frappés ! Par qui ? Par moi ! Seigneur clément.

TOUS

Parle. Prononce.

CHIMÈNE

C'est impossible ! C'est indigne ! C'est infâme !

RODRIGUE, *qui s'est avancé.*

Puisque tu ne saurais, Chimène,
Accorder le pardon ou dicter le supplice,
C'est moi qui me ferai justice.
　　　　(Il porte la main à son épée.)

CHIMÈNE

Arrête !

RODRIGUE

Va, je mourrai doucement !
Car un instant j'ai vu ta rigueur désarmée.
Et tu diras parfois, en déplorant mon sort :
Tu diras : « S'il ne m'avait aimée
Il ne serait pas mort ! »

CHIMÈNE

Mort ! Lui ! Mort !

L'INFANTE, LE ROI, DON DIÈGUE ET LE CHŒUR

Voyez ! elle hésite !
Voyez ! elle ose à peine regarder !

CHIMÈNE

Ah ! mon père, tu vois mes tourments, mon délire,
Sur ton enfant, dans l'ombre incliné !
Vivant, je n'ai jamais connu que ton sourire,
Où s'envola ton âme on ne sait plus maudire.

Ô mon père par toi je serai pardonnée !
(À Rodrigue :)
Non ! non ! non ! tu ne mourras pas !
(Au Roi :)
Sire ! je l'aime !

LES AUTRES

Elle a pardonné !

DON DIÈGUE, *désignant tour à tour Chimène et Rodrigue.*
Cette âme est digne de ce cœur !

CHIMÈNE

Serment d'amour, promesse éternelle !
Je t'accepte ô mon Rodrigue !
Je suis à toi !
Ah pour toujours, je suis à toi !

RODRIGUE

Serment d'amour, promesse éternelle !
Je t'accepte ô ma Chimène !
Sois donc à moi
Ah ! pour toujours, toujours à moi !

L'INFANTE, DON DIÈGUE ET LE ROI

Ils sont heureux !

LE CHŒUR

Gloire au Cid, au vainqueur !

(Rideau.)

V - LE DUEL

A) DOSSIER HISTORIQUE

En 1645, le *Concile de Trente* condamne le duel en ces termes :

« L'usage détestable des duels, qui a été introduit par l'artifice du Démon, pour perdre les âmes après avoir cruellement donné la mort au corps, doit être entièrement aboli parmi les chrétiens... Nous excommunions dès à présent, et sans autre forme de procès, tous empereurs, tous rois, ducs, princes, marquis, comtes et autres seigneurs temporels, à quelque titre que ce soit, qui auront assigné et accordé quelque lieu pour le duel entre les chrétiens... Pour ceux qui se seront battus, et les autres, vulgairement nommés leurs parrains, nous voulons qu'ils encourent la peine de l'excommunication, de la proscription de tous leurs biens et passent désormais pour gens infâmes et soient traités avec la même sévérité que les sacrés canons traitent les homicides ; et s'il arrive qu'ils soient tués dans le combat, ils seront pour jamais privés de la sépulture en terre sainte. Nous ordonnons, en outre, que non seulement ceux qui auront approuvé, ou donné conseil de se battre ou qui y auront induit ou porté quelqu'un, en quelque manière que ce soit, mais encore ceux qui auront assisté en qualité de spectateurs, soient excommuniés, frappés d'anathème perpétuel, sans avoir égard à aucun privilège ou mauvaise coutume introduite quoique de temps immémorial. »

À partir de Henri II (1519-1559), série d'ordonnances ou édits royaux destinés à la répression :

1566 L'ordonnance de Moulins prohibe le duel, constitue comme tribunaux d'honneur les connétables et maréchaux de France, et les gouverneurs de province.

1579 L'ordonnance de Blois renouvelle les prohibitions précédentes, sans plus de succès.

Sous Henri IV (1553-1610) :

1599 26 juin : un arrêt du Parlement enjoint aux duellistes « de se pourvoir par-devant les juges ordinaires, sous peine de crime de lèse-majesté » ; prévoit la confiscation de corps et biens, « tant contre les vivants que contre les morts : ensemble contre tous gentilshommes et autres qui auront appelé et favorisé lesdits combats, assisté aux assemblées faites à l'occasion desdites querelles, comme transgresseurs des commandements de Dieu, rebelles au Roi, infracteurs des ordonnances, violateurs de la justice, perturbateurs du repos et de la tranquillité publique ».

1606 Nouvel édit sur les duels.

1609 Édit royal : « Nous avons jugé nécessaire, pour obvier à de plus grands et périlleux accidents, de permettre à toute personne qui s'estime offensée par une autre en son honneur et réputation, de s'en plaindre à nous et à nos très chers et aimés cousins les connétables et maréchaux de France, nous demander ou à eux le combat, lequel leur sera par nous accordé, selon que nous jugerons qu'il sera nécessaire pour leur honneur ».

Après 1610 :

1614 Arrêt de règlement du parlement de Paris, le 27 janvier.

1617 Lettres patentes du 14 juillet.

1623 Édit de Saint-Germain-en-Laye, en août.

Ces mesures restent impuissantes à enrayer le mal :

1626 24 mars : un édit du parlement, sous l'influence de Richelieu, rétablit les distinctions déjà faites, suivant la gravité des cas :
   — la provocation en duel entraîne la privation des charges et offices, la confiscation de la moitié des biens, le bannissement pour trois ans ;
   — le duel non suivi de mort entraîne la déchéance de noblesse, l'infamie ou la peine capitale suivant les cas ;
   — le duel suivi de mort tombe sous le coup de crime de lèse-majesté.

Mais les grâces particulières rendent impuissants les efforts de Richelieu.

Les édits de 1643 (« édit de Mazarin »), de 1651, puis l'ordonnance de 1679, connue sous le nom d'« édit des duels », établissent une législation définitive.

L'Assemblée législative, en 1792, abolit procès et jugements contre les duellistes.

La pratique du duel se maintenant, diverses propositions de loi sont faites (1819, 1820, 1849), mais aucun projet n'aboutit. Le Code pénal de 1810 ne l'ayant pas spécialement incriminé, la Cour de cassation conclut de son silence qu'il fallait appliquer aux duellistes la peine de l'assassinat lorsque le duel a été convenu à mort, et en cas contraire, celle des coups et blessures volontaires. Mais les duellistes sont rarement poursuivis et encore moins condamnés. Les duels sont nombreux entre officiers, entre étudiants, entre journalistes.

Le duel tombe en désuétude après la Seconde Guerre mondiale : propos injurieux ou diffamatoires sont désormais sanctionnés par la justice. Quelques rencontres défrayèrent la chronique, tel le duel qui opposa en 1958 le chorégraphe Serge Lifar au marquis de Cuevas, ou, en 1967, le député socialiste Gaston Deferre au député de la majorité René Ribière.

B) LE DUEL EN CAUSE

PASCAL
Lettres à un provincial
(1656-1657)

La septième Lettre *examine la direction d'intention, par exemple la permission de tuer pour la défense de l'honneur.*

Puisque vous le prenez ainsi, me dit-il [1], je ne puis vous le refuser. Sachez donc que ce principe merveilleux est notre grande méthode de diriger l'intention, dont l'importance est telle dans notre morale, que j'oserais quasi la comparer à la doctrine de la probabilité [2]. Vous en avez vu quelques traits en passant, dans de certaines maximes que je vous ai dites ; car, lorsque je vous ai fait entendre comment les valets peuvent faire en conscience de certains messages fâcheux, n'avez-vous pas pris garde que c'était seulement en détournant leur intention du mal dont ils sont les entremetteurs, pour la porter au gain qui leur en revient ? Voilà ce que c'est que diriger l'intention, et vous avez vu de même que ceux qui donnent de l'argent pour des bénéfices seraient de véritables simoniaques sans une pareille diversion. Mais je veux maintenant vous faire voir cette grande méthode dans tout son lustre sur le sujet de l'homicide, qu'elle justifie en mille rencontres, afin que vous jugiez par un tel effet tout ce qu'elle est capable de produire. Je vois déjà, lui dis-je, que par là tout sera permis, rien n'en échappera. Vous allez toujours d'une extrémité à l'autre, répondit le Père : corrigez-vous de cela ; car, pour vous témoigner que nous ne permettons pas tout, sachez que, par exemple, nous ne souffrons jamais d'avoir l'intention formelle de pécher pour le seul dessein de pécher ; et que quiconque s'obstine à n'avoir point d'autre fin dans le mal que le mal même, nous rompons avec lui ;

1. Il s'agit du père jésuite que Pascal met en scène.
2. Dans les cas de conscience, on se contente de suivre l'opinion la plus proche de la vérité, celle qui a le plus de chances de s'en approcher, donc la plus probable.

cela est diabolique : voilà qui est sans exception d'âge, de sexe, de qualité. Mais quand on n'est pas dans cette malheureuse disposition, alors nous essayons de mettre en pratique notre méthode de diriger l'intention, qui consiste à se proposer pour fin de ses actions un objet permis. Ce n'est pas qu'autant qu'il est en notre pouvoir nous ne détournions les hommes des choses défendues ; mais, quand nous ne pouvons pas empêcher l'action, nous purifions au moins l'intention ; et ainsi nous corrigeons le vice du moyen par la pureté de la fin.

Voilà par où nos Pères ont trouvé moyen de permettre les violences qu'on pratique en défendant son honneur ; car il n'y a qu'à détourner son intention du désir de vengeance, qui est criminel, pour la porter au désir de défendre son honneur, qui est permis selon nos Pères. Et c'est ainsi qu'ils accomplissent tous leurs devoirs envers Dieu et envers les hommes. Car ils contentent le monde en permettant les actions ; et ils satisfont à l'Évangile en purifiant les intentions. Voilà ce que les Anciens [1] n'ont point connu, voilà ce qu'on doit à nos Pères.

Septième Provinciale.

LA BRUYÈRE
Les Caractères
(1694)

La « folie » du duel est analysée par La Bruyère (XIII, 3) comme un phénomène de mode :

Le duel est le triomphe de la mode, et l'endroit où elle a exercé sa tyrannie avec plus d'éclat. Cet usage n'a pas laissé au poltron la liberté de vivre ; il l'a mené se faire tuer par un plus brave que soi, et l'a confondu avec un homme de cœur ; il a attaché de l'honneur et de la gloire à une action folle et extravagante ; il a été approuvé par la présence des rois ; il y a eu quelquefois une espèce de religion à le pratiquer ; il a décidé de l'innocence des hommes, des accusations fausses ou véritables sur des crimes capitaux ; il s'était enfin si profondément enraciné dans l'opinion des peuples, et s'était si fort saisi de leur cœur et de leur esprit, qu'un des plus beaux endroits de la vie d'un très grand roi a été de les guérir de cette folie [2].

1. Les docteurs de l'Église.
2. L'édit de Louis XIV (1679) punissait de mort les duellistes.

MONTESQUIEU
Lettres persanes
(1721)

USBEK AU MÊME, À SMYRNE.

De cette passion générale que la nation française a pour la gloire, il s'est formé dans l'esprit des particuliers un certain je ne sais quoi, qu'on appelle *point d'honneur* [1]. C'est proprement le caractère de chaque profession ; mais il est plus marqué chez les gens de guerre, et c'est le point d'honneur par excellence. Il me serait bien difficile de te faire sentir ce que c'est ; car nous n'en avons point précisément d'idée.

Autrefois, les Français, surtout les nobles, ne suivaient guère d'autres lois que celles de ce point d'honneur : elles réglaient toute la conduite de leur vie et elles étaient si sévères qu'on ne pouvait sans une peine plus cruelle que la mort, je ne dis pas les enfreindre, mais en éluder la plus petite disposition.

Quand il s'agissait de régler les différends, elles ne prescrivaient guère qu'une manière de décision, qui était le duel, qui tranchait toutes les difficultés. Mais ce qu'il y avait de mal, c'est que souvent le jugement se rendait entre d'autres parties que celles qui y étaient intéressées.

Pour peu qu'un homme fût connu d'un autre, il fallait qu'il entrât dans la dispute, et qu'il payât de sa personne, comme s'il avait été lui-même en colère. Il se sentait toujours honoré d'un tel choix et d'une préférence si flatteuse ; et tel qui n'aurait pas voulu donner quatre pistoles à un homme pour le sauver de la potence, lui et toute sa famille, ne faisait aucune difficulté d'aller risquer pour lui mille fois sa vie.

Cette manière de décider était assez mal imaginée : car, de ce qu'un homme était plus adroit ou plus fort qu'un autre, il ne s'ensuivait pas qu'il eût de meilleures raisons.

Aussi les rois l'ont-ils défendue sous des peines très sévères ; mais c'est en vain : l'Honneur, qui veut toujours régner, se révolte, et il ne reconnaît point de lois.

Ainsi les Français sont dans un état bien violent : car les mêmes lois de l'honneur obligent un honnête homme de se venger quand il a été offensé ; mais, d'un autre côté, la justice le punit des plus cruelles peines lorsqu'il se venge. Si l'on suit les lois de l'honneur, on périt sur un échafaud ; si l'on suit celles de la justice, on est banni pour jamais de la société des hommes. Il n'y a donc que cette cruelle alternative, ou de mourir, ou d'être indigne de vivre.

(Lettre XC)

---

1. « Ce qui pique, excite, en fait d'honneur, et oblige à ne pas céder, ne pas reculer » (Littré).

GUSTAVE FLAUBERT
Dictionnaire des idées reçues [1]

DUEL : Tonner contre. N'est pas une preuve de courage. Prestige de
l'homme qui a eu un duel.

C) ANTHOLOGIE DES SCÈNES DE DUEL

ABBÉ PRÉVOST
Manon Lescaut [2]
(1731)

*Le chevalier Des Grieux a suivi Manon Lescaut, déportée en
Louisiane. Il a l'intention de l'épouser, mais Synnelet, le neveu
du gouverneur, s'enflamme pour la jeune femme : cette passion
compromet le bonheur des amants.*

Je retournais chez moi, en méditant sur ce projet, lorsque le sort, qui
voulait hâter ma ruine, me fit rencontrer Synnelet. Il lut dans mes yeux
une partie de mes pensées. J'ai dit qu'il était brave ; il vint à moi. Ne
me cherchez-vous pas ? me dit-il. Je connais que mes desseins vous offen-
sent, et j'ai bien prévu qu'il faudrait se couper la gorge avec vous. Allons
voir qui sera le plus heureux. Je lui répondis qu'il avait raison, et qu'il
n'y avait que ma mort qui pût finir nos différends. Nous nous écartâmes
d'une centaine de pas hors de la ville. Nos épées se croisèrent ; je le blessai
et le désarmai presqu'en même temps. Il fut si enragé de son malheur,
qu'il refusa de me demander la vie et de renoncer à Manon. J'avais peut-
être le droit de lui ôter tout d'un coup l'un et l'autre, mais un sang généreux ne se dément jamais. Je lui jetai son épée. Recommençons, lui dis-je,
et songez que c'est sans quartier. Il m'attaqua avec une furie inexpri-
mable. Je dois confesser que je n'étais pas fort dans les armes, n'ayant
eu que trois mois de salle à Paris. L'amour conduisait mon épée. Synnelet
ne laissa pas de me transpercer le bras d'outre en outre, mais je le pris
sur le temps [3] et je lui fournis un coup si vigoureux qu'il tomba à mes
pieds sans mouvement.

(Deuxième partie)

---

1. Publié en 1911 en appendice à *Bouvard et Pécuchet*, dans les
Œuvres complètes éditées par Conard.
2. Disponible dans la même collection, n° 6031.
3. « Frapper son adversaire d'une botte au moment où il s'occupe
de quelque mouvement » (Littré).

ALEXANDRE DUMAS
Les Trois Mousquetaires
(1844)

Le jeune d'Artagnan, dès son arrivée à Paris, commet trois fautes : il bouscule Athos blessé à l'épaule, ridiculise Porthos et compromet, sans le vouloir, la maîtresse d'Aramis : chacun des mousquetaires le provoque en duel.

[...] Athos, qui souffrait toujours cruellement de sa blessure, quoiqu'elle eût été pansée à neuf par le chirurgien de M. de Tréville, s'était assis sur une borne et attendait son adversaire avec cette contenance paisible et cet air digne qui ne l'abandonnaient jamais. À l'aspect de d'Artagnan, il se leva et fit poliment quelques pas au-devant de lui. Celui-ci, de son côté, n'aborda son adversaire que le chapeau à la main et sa plume traînant jusqu'à terre.

« Monsieur, dit Athos, j'ai fait prévenir deux de mes amis qui me serviront de seconds, mais ces deux amis ne sont point encore arrivés. Je m'étonne qu'ils tardent : ce n'est pas leur habitude.

— Je n'ai pas de seconds, moi, monsieur, dit d'Artagnan, car arrivé d'hier seulement à Paris, je n'y connais encore personne que M. de Tréville, auquel j'ai été recommandé par mon père qui a l'honneur d'être quelque peu de ses amis. »

Athos réfléchit un instant.

« Vous ne connaissez que M. de Tréville ? demanda-t-il.

— Oui, monsieur, je ne connais que lui.

— Ah çà, mais..., continua Athos parlant moitié à lui-même, moitié à d'Artagnan, ah... çà, mais si je vous tue, j'aurai l'air d'un mangeur d'enfants, moi !

— Pas trop, monsieur, répondit d'Artagnan avec un salut qui ne manquait pas de dignité ; pas trop, puisque vous me faites l'honneur de tirer l'épée contre moi avec une blessure dont vous devez être fort incommodé.

— Très incommodé, sur ma parole, et vous m'avez fait un mal du diable, je dois le dire ; mais je prendrai la main gauche, c'est mon habitude en pareille circonstance. Ne croyez donc pas que je vous fasse une grâce, je tire proprement des deux mains ; et il y aura même désavantage pour vous : un gaucher est très gênant pour les gens qui ne sont pas prévenus. Je regrette de ne pas vous avoir fait part plus tôt de cette circonstance.

— Vous êtes vraiment, monsieur, dit d'Artagnan en s'inclinant de nouveau, d'une courtoisie dont je vous suis on ne peut plus reconnaissant.

— Vous me rendez confus, répondit Athos avec son air de gentilhomme ; causons donc d'autre chose, je vous prie, à moins que cela ne vous soit désagréable. Ah ! sangbleu ! que vous m'avez fait mal ! l'épaule me brûle.

— Si vous vouliez permettre..., dit d'Artagnan avec timidité.

— Quoi, monsieur ?

— J'ai un baume miraculeux pour les blessures, un baume qui me vient de ma mère, et dont j'ai fait l'épreuve sur moi-même.

— Eh bien ?

— Eh bien, je suis sûr qu'en moins de trois jours ce baume vous guérirait, et au bout de trois jours, quand vous seriez guéri, eh bien, monsieur, ce me serait toujours un grand honneur d'être votre homme. »

D'Artagnan dit ces mots avec une simplicité qui faisait honneur à sa courtoisie, sans porter aucunement atteinte à son courage.

« Pardieu, monsieur, dit Athos, voici une proposition qui me plaît, non pas que je l'accepte, mais elle sent son gentilhomme d'une lieue. C'est ainsi que parlaient et faisaient ces preux du temps de Charlemagne, sur lesquels tout cavalier doit chercher à se modeler. Malheureusement, nous ne sommes plus au temps du grand empereur. Nous sommes au temps de M. le cardinal, et d'ici à trois jours on saurait, si bien gardé que soit le secret, on saurait, dis-je, que nous devons nous battre, et l'on s'opposerait à notre combat. Ah çà, mais ! ces flâneurs ne viendront donc pas ?

— Si vous êtes pressé, monsieur, dit d'Artagnan à Athos avec la même simplicité qu'un instant auparavant il lui avait proposé de remettre le duel à trois jours, si vous êtes pressé et qu'il vous plaise de m'expédier tout de suite, ne vous gênez pas, je vous en prie.

— Voilà encore un mot qui me plaît, dit Athos en faisant un gracieux signe de tête à d'Artagnan, il n'est point d'un homme sans cervelle, et il est à coup sûr d'un homme de cœur. Monsieur, j'aime les hommes de votre trempe, et je vois que si nous ne nous tuons pas l'un l'autre, j'aurai plus tard un vrai plaisir dans votre conversation. Attendons ces messieurs, je vous prie, j'ai tout le temps, et cela sera plus correct. Ah ! en voici un, je crois. »

En effet, au bout de la rue de Vaugirard commençait à apparaître le gigantesque Porthos.

« Quoi ! s'écria d'Artagnan, votre premier témoin est M. Porthos ?

— Oui, cela vous contrarie-t-il ?

— Non, aucunement.

— Et voici le second. »

D'Artagnan se retourna du côté indiqué par Athos, et reconnut Aramis.

« Quoi ! s'écria-t-il d'un accent plus étonné que la première fois, votre second témoin est M. Aramis ?

— Sans doute, ne savez-vous pas qu'on ne nous voit jamais l'un sans l'autre, et qu'on nous appelle, dans les mousquetaires et dans les gardes, à la cour et à la ville, Athos, Porthos et Aramis ou les trois inséparables ? Après cela, comme vous arrivez de Dax ou de Pau...

— De Tarbes, dit d'Artagnan.

— ... Il vous est permis d'ignorer ce détail, dit Athos.

— Ma foi, dit d'Artagnan, vous êtes bien nommés, messieurs, et mon aventure, si elle fait quelque bruit, prouvera du moins que votre union n'est point fondée sur les contrastes. »

Pendant ce temps, Porthos s'était rapproché, avait salué de la main Athos ; puis, se retournant vers d'Artagnan, il était resté tout étonné.

Disons, en passant, qu'il avait changé de baudrier et quitté son manteau.

« Ah ! ah ! fit-il, qu'est-ce que cela ?

— C'est avec monsieur que je me bats, dit Athos en montrant de la main d'Artagnan, et en le saluant du même geste.

— C'est avec lui que je me bats aussi, dit Porthos.

— Mais à une heure seulement, répondit d'Artagnan.

— Et moi aussi, c'est avec monsieur que je me bats, dit Aramis en arrivant à son tour sur le terrain.

— Mais à deux heures seulement, fit d'Artagnan avec le même calme.

— Mais à propos de quoi te bats-tu, Athos ? demanda Aramis.

— Ma foi, je ne sais pas trop, il m'a fait mal à l'épaule ; et toi, Porthos ?

— Ma foi, je me bats parce que je me bats », répondit Porthos en rougissant.

Athos, qui ne perdait rien, vit passer un fin sourire sur les lèvres du Gascon.

« Nous avons eu une discussion sur la toilette, dit le jeune homme.

— Et toi, Aramis ? demanda Athos.

— Moi, je me bats pour cause de théologie », répondit Aramis tout en faisant signe à d'Artagnan qu'il le priait de tenir secrète la cause de son duel.

Athos vit passer un second sourire sur les lèvres de d'Artagnan.

« Vraiment, dit Athos.

— Oui, un point de saint Augustin sur lequel nous ne sommes pas d'accord, dit le Gascon.

— Décidément c'est un homme d'esprit, murmura Athos.

— Et maintenant que vous êtes rassemblés, messieurs, dit d'Artagnan, permettez-moi de vous faire mes excuses. »

À ce mot d'*excuses*, un nuage passa sur le front d'Athos, un sourire hautain glissa sur les lèvres de Porthos, et un signe négatif fut la réponse d'Aramis.

« Vous ne me comprenez pas, messieurs, dit d'Artagnan en relevant sa tête, sur laquelle jouait en ce moment un rayon de soleil qui en dorait les lignes fines et hardies : je vous demande excuse dans le cas où je ne pourrais vous payer ma dette à tous trois, car M. Athos a le droit de me tuer le premier, ce qui ôte beaucoup de sa valeur à votre créance, monsieur Porthos, et ce qui rend la vôtre à peu près nulle, monsieur Aramis. Et maintenant, messieurs, je vous le répète, excusez-moi, mais de cela seulement, et en garde ! »

À ces mots, du geste le plus cavalier qui se puisse voir, d'Artagnan tira son épée.

Le sang était monté à la tête de d'Artagnan, et dans ce moment il eût tiré son épée contre tous les mousquetaires du royaume, comme il venait de faire contre Athos, Porthos et Aramis.

Il était midi et un quart. Le soleil était à son zénith, et l'emplacement choisi pour être le théâtre du duel se trouvait exposé à toute son ardeur.

« Il fait très chaud, dit Athos en tirant son épée à son tour, et cependant je ne saurais ôter mon pourpoint ; car, tout à l'heure encore, j'ai senti que ma blessure saignait, et je craindrais de gêner monsieur en lui montrant du sang qu'il ne m'aurait pas tiré lui-même.

— C'est vrai, monsieur, dit d'Artagnan, et tiré par un autre ou par moi, je vous assure que je le verrai toujours avec bien du regret le sang d'un aussi brave gentilhomme ; je me battrai donc en pourpoint comme vous.

— Voyons, voyons, dit Porthos, assez de compliments comme cela, et songez que nous attendons notre tour.

— Parlez pour vous seul, Porthos, quand vous aurez à dire de pareilles incongruités, interrompit Aramis. Quant à moi, je trouve les choses que ces messieurs se disent fort bien dites et tout à fait dignes de deux gentilshommes.

— Quand vous voudrez, monsieur, dit Athos en se mettant en garde.

— J'attendais vos ordres », dit d'Artagnan en croisant le fer.

Mais les deux rapières avaient à peine résonné en se touchant, qu'une escouade des gardes de Son Éminence, commandée par M. de Jussac, se montra à l'angle du couvent.

« Les gardes du cardinal ! s'écrièrent à la fois Porthos et Aramis. L'épée au fourreau, messieurs ! l'épée au fourreau ! »

Mais il était trop tard. Les deux combattants avaient été vus dans une pose qui ne permettait pas de douter de leurs intentions.

« Holà ! cria Jussac en s'avançant vers eux et en faisant signe à ses hommes d'en faire autant, holà ! mousquetaires, on se bat donc ici ? Et les édits, qu'en faisons-nous ?

— Vous êtes bien généreux, messieurs les gardes, dit Athos plein de rancune, car Jussac était l'un des agresseurs de l'avant-veille. Si nous vous voyions battre, je vous réponds, moi, que nous nous garderions bien de vous en empêcher. Laissez-nous donc faire, et vous allez avoir du plaisir sans prendre aucune peine.

— Messieurs, dit Jussac, c'est avec un grand regret que je vous déclare que la chose est impossible. Notre devoir avant tout. Rengainez donc, s'il vous plaît, et nous suivez. [...]

(chapitre V, « Les Mousquetaires du roi et les gardes de M. le Cardinal »)

PAUL FÉVAL (Père)
Le Bossu [1]
(1857)

L'heure de la vengeance a sonné. Le chevalier de Lagardère oblige Philippe de Mantoue, prince de Gonzague, à l'affronter en duel : celui-ci, autrefois, a assassiné son ami le duc de Nevers et Lagardère va enfin venger la mémoire de celui qui, avant de mourir, lui avait enseigné la fameuse « botte de Nevers ».

Paul Féval, ignorant tout de l'escrime, avait consulté un grand maître d'armes, M. Grisier, pour pouvoir décrire le coup qui permettait de toucher l'adversaire entre les sourcils. Le lendemain, il avait tout oublié des explications savantes de M. Grisier, et il improvisa. Le résultat, s'il n'a aucune valeur du point de vue de l'escrime, ne manque pas de panache...

[...] Gonzague reconnut le régent, suivi des principaux magistrats et seigneurs qui, tout à l'heure, siégeaient au tribunal de famille.

Il entendit le régent qui disait :

— Que personne ne franchisse les murs de cette enceinte !... Des gardes partout !

— Par la mort-Dieu ! fit Gonzague, avec un rire convulsif ; on nous octroie le champ clos, comme au temps de la chevalerie ! Philippe d'Orléans se souvient, une fois en sa vie, qu'il est fils de preux. Soit ! attendons les juges du camp !

En parlant ainsi, traîtreusement, et tandis que Lagardère répondait : « Soit, attendons », Gonzague, se fendant à l'improviste, lui porta sa rapière au creux de l'estomac. Mais une épée, dans certaines mains, est comme un être vivant qui a son instinct de défense. L'épée de Lagardère se releva, para et riposta.

La poitrine de Gonzague rendit un son métallique. Sa cotte de mailles avait fait son effet. L'épée de Lagardère vola en éclats.

Sans reculer d'une semelle, celui-ci évita, d'un haut-le-corps, le choc déloyal de son adversaire, qui passa outre dans son élan. Lagardère prenait en même temps la rapière de Cocardasse, que celui-ci tenait par la pointe. Dans ce mouvement, les deux champions avaient changé de place. Lagardère était du côté des deux maîtres d'armes. Gonzague, que son élan avait porté presque en face de l'entrée de la chapelle funèbre, tournait le dos au duc d'Orléans, qui approchait avec sa suite. Ils se remirent en garde. Ce Gonzague était une rude lame et n'avait à couvrir que sa tête, mais Lagardère semblait jouer avec lui. À la seconde passe, la rapière de Gonzague sauta hors de sa main. Comme il se baissait pour la ramasser, Lagardère mit le pied dessus.

1. Disponible dans la collection « Omnibus » aux Presses de la Cité.

— Ah !... chevalier !... fit le régent qui arrivait.

— Monseigneur, répondit Lagardère, nos ancêtres nommaient cela le jugement de Dieu. Nous n'avons plus la foi, mais l'incrédulité ne tue pas plus Dieu que l'aveuglement n'éteint le soleil.

Le régent parlait bas avec ses ministres et ses conseillers.

— Il n'est pas bon, dit le président de Lamoignon lui-même, que cette tête de prince tombe sur l'échafaud.

— Voici le tombeau de Nevers, reprit Henri, et l'expiation promise ne lui manquera pas. L'amende honorable est due. Ce ne sera pas en tombant sous le glaive que mon poing la donnera.

Il ramassa l'épée de Gonzague.

— Que faites-vous ? demanda encore le régent.

— Monseigneur, répliqua Lagardère, cette épée a frappé Nevers ; je la reconnais... Cette épée va punir l'assassin de Nevers !

Il jeta la rapière de Cocardasse aux pieds de Gonzague qui la saisit en frémissant.

— As pas pur ! grommela Cocardasse, le troisième coup abat le coq !

Le tribunal de famille tout entier était rangé en cercle autour des deux champions. Quand ils tombèrent en garde, le régent, sans avoir conscience peut-être de ce qu'il faisait, prit la torche des mains de Passepoil et la tint levée. Le régent Philippe d'Orléans !

— Attention à la cuirasse ! murmura Passepoil derrière Lagardère.

Il n'était pas besoin. Lagardère s'était transfiguré tout à coup. Sa haute taille se développait dans toute sa richesse ; le vent déployait les belles masses de sa chevelure, et ses yeux lançaient des éclairs. Il fit reculer Gonzague jusqu'à la porte de la chapelle. Puis son épée flamboya en décrivant ce cercle rapide que donne la riposte de prime.

— La botte de Nevers ! firent ensemble les deux maîtres d'armes.

Gonzague s'en alla rouler aux pieds de la statue de Philippe de Lorraine, avec un trou sanglant au front. Mme la princesse de Gonzague et doña Cruz soutenaient Aurore. À quelques pas de là, un chirurgien bandait la blessure du marquis de Chaverny. C'était sous le porche de l'église Saint-Magloire. Le régent et sa suite montaient les marches du perron. Lagardère se tenait debout entre deux groupes.

— Monseigneur, dit la princesse, voici l'héritière de Nevers, ma fille, qui s'appellera demain Mme de Lagardère, si Votre Altesse Royale le permet.

— Le régent prit la main d'Aurore, la baisa et la mit dans la main d'Henri.

— Merci, murmura-t-il en s'adressant à ce dernier et en regardant, comme malgré lui, le tombeau du compagnon de sa jeunesse.

Puis il affermit sa voix, que l'émotion avait rendue tremblante, et dit en se redressant :

— Comte de Lagardère, le roi seul, le roi majeur, peut vous faire duc de Nevers.

(IIIe partie, chapitre X : « Amende honorable »)

THÉOPHILE GAUTIER
Le Capitaine Fracasse [1]
(1863)

Le duc de Vallombreuse s'est intéressé de trop près à la comédienne Isabelle, aimée du capitaine Fracasse, pseudonyme du baron de Sigognac. Pour avoir voulu « poser une assassine » sur le sein de la jeune fille, il est provoqué en duel par Sigognac, qui se rend à l'endroit convenu en compagnie de son témoin, le marquis de Bruyères.

L'endroit choisi était abrité du vent par une longue muraille qui avait aussi l'avantage de cacher les combattants aux voyageurs passant sur la route. Le terrain était ferme, bien battu, sans pierres, ni mottes, ni touffes d'herbe qui pussent embarrasser les pieds, et offrait toutes les facilités pour se couper correctement la gorge entre gens d'honneur.

Le duc de Vallombreuse et le chevalier Vidalinc, suivis d'un barbier-chirurgien, ne tardèrent pas à arriver. Les quatre gentilshommes se saluèrent avec une courtoisie hautaine et une politesse froide, comme il sied à des gens bien élevés qui vont se battre à mort. Une complète insouciance se lisait sur la figure du jeune duc, parfaitement brave, et d'ailleurs sûr de son adresse. Sigognac ne faisait pas moins bonne contenance, quoique ce fût son premier duel. Le marquis de Bruyères fut très satisfait de ce sang-froid et en augura bien.

Vallombreuse jeta son manteau et son feutre, et défit son pourpoint, manœuvres qui furent imitées de point en point par Sigognac. Le marquis et le chevalier mesurèrent les épées des combattants. Elles étaient de longueur égale.

Chacun se mit sur son terrain, prit son épée et tomba en garde.

« Allez, messieurs, et faites en gens de cœur, dit le marquis.

— La recommandation est inutile, fit le chevalier de Vidalinc ; ils vont se battre comme des lions. Ce sera un duel superbe. »

Vallombreuse, qui, au fond, ne pouvait s'empêcher de mépriser un peu Sigognac et s'imaginait de ne rencontrer qu'un faible adversaire, fut surpris, lorsqu'il eut négligemment tâté le fer du Baron, de trouver une lame souple et ferme qui déjouait la sienne avec une admirable aisance. Il devint plus attentif, puis essaya quelques feintes aussitôt devinées. Au moindre jour qu'il laissait, la pointe de Sigognac s'avançait, nécessitant une prompte parade. Il risqua une attaque ; son épée, écartée par une riposte savante, le laissa découvert et, s'il ne se fût brusquement penché en arrière, il eût été atteint en pleine poitrine. Pour le duc, la face du combat changeait. Il avait cru pouvoir le diriger à son gré, et après quelques passes, blesser Sigognac où il voudrait au moyen d'une botte qui jusque-là lui avait toujours réussi. Non seulement il n'était plus

1. Disponible dans la même collection, n° 6100.

maître d'attaquer à son gré, mais il avait besoin de toute son habileté pour se défendre. Quoi qu'il fît pour rester de sang-froid, la colère le gagnait ; il se sentait devenir nerveux et fébrile, tandis que Sigognac, impassible, semblait, par sa garde irréprochable, prendre plaisir à l'irriter.

« Ne ferons-nous rien pendant que nos amis s'escriment, dit le chevalier de Vidalinc au marquis de Bruyères ; il fait bien froid ce matin, battons-nous un peu, ne fût-ce que pour nous réchauffer.

— Bien volontiers, dit le marquis, cela nous dégourdira. »

Vidalinc était supérieur au marquis de Bruyères en science d'escrime, et au bout de quelques bottes il lui fit sauter l'épée de la main par un lié sec et rapide. Comme aucune rancune n'existait entre eux, ils s'arrêtèrent de commun accord, et leur attention se reporta sur Sigognac et Vallombreuse.

Le duc, pressé par le jeu serré du baron, avait déjà rompu de plusieurs semelles. Il se fatiguait, et sa respiration devenait haletante. De temps en temps des fers froissés rapidement jaillissait une étincelle bleuâtre, mais la riposte faiblissait devant l'attaque et cédait. Sigognac, qui, après avoir lassé son adversaire, portait des bottes et se fendait, faisait toujours reculer le duc.

Le chevalier de Vidalinc était fort pâle et commençait à craindre pour son ami. Il était évident, aux yeux de connaisseurs en escrime, que tout l'avantage appartenait à Sigognac.

« Pourquoi diable, murmura Vidalinc, Vallombreuse n'essaye-t-il pas la botte que lui a enseignée Girolamo de Naples et que ce Gascon ne doit pas connaître ? »

Comme s'il lisait dans la pensée de son ami, le jeune duc tâcha d'exécuter la fameuse botte, mais au moment où il allait la détacher par un coup fouetté, Sigognac le prévint et lui porta un coup droit si bien à fond qu'il traversa l'avant-bras de part en part. La douleur de cette blessure fit ouvrir les doigts au duc, dont l'épée roula sur terre.

Sigognac, avec une courtoisie parfaite, s'arrêta aussitôt, quoiqu'il pût doubler le coup sans manquer aux conventions du duel, qui ne devait pas s'arrêter au premier sang. Il appuya la pointe de sa lame en terre, mit la main gauche sur la hanche et parut attendre les volontés de son adversaire. Mais Vallombreuse, à qui, sur un geste d'acquiescement de Sigognac, Vidalinc remit l'épée en main, ne put la tenir et fit signe qu'il en avait assez.

Sur quoi Sigognac et le marquis de Bruyères saluèrent le plus poliment du monde le duc de Vallombreuse et le chevalier de Vidalinc, et reprirent le chemin de la ville.

(Chapitre IX : « Coups d'épée,
coups de bâton et autres aventures »)

GUY DE MAUPASSANT
Bel-Ami[1]
(1885)

Georges Duroy, journaliste à La Vie française, *est mis en cause par l'un de ses confrères de* La Plume. *Son patron, M. Walter, l'incite à se battre contre Louis de Langremont, jugeant infâmantes les insinuations de ce dernier. Georges Duroy ne peut reculer. Il passe une nuit affreuse avant la rencontre, assailli par l'angoisse.*

L'heure qui suivit fut difficile à passer. Il marchait de long en large en s'efforçant en effet d'immobiliser son âme. Lorsqu'il entendit frapper à sa porte, il faillit s'abattre sur le dos, tant la commotion fut violente. C'étaient ses témoins.

« Déjà ! »

Ils étaient enveloppés de fourrures. Rival déclara, après avoir serré la main de son client :

« Il fait un froid de Sibérie. » Puis il demanda : « Ça va bien ?

— Oui, très bien.

— On est calme ?

— Très calme.

— Allons, ça ira. Avez-vous bu et mangé quelque chose ?

— Oui, je n'ai besoin de rien. »

Boisrenard, pour la circonstance, portait une décoration étrangère, vert et jaune, que Duroy ne lui avait jamais vue.

Ils descendirent. Un monsieur les attendait dans le landau. Rival nomma : « Le docteur Le Brument. » Duroy lui serra la main en balbutiant : « Je vous remercie », puis il voulut prendre place sur la banquette du devant et il s'assit sur quelque chose de dur qui le fit relever comme si un ressort l'eût redressé. C'était la boîte aux pistolets.

Rival répétait : « Non ! Au fond le combattant et le médecin, au fond ! » Duroy finit par comprendre et il s'affaissa à côté du docteur.

Les deux témoins montèrent à leur tour et le cocher partit. Il savait où on devait aller.

Mais la boîte aux pistolets gênait tout le monde, surtout Duroy, qui eût préféré ne pas la voir. On essaya de la placer derrière le dos ; elle cassait les reins ; puis on la mit debout entre Rival et Boisrenard ; elle tombait tout le temps. On finit par la glisser sous les pieds.

La conversation languissait, bien que le médecin racontât des anecdotes.

---

1. Disponible dans la même collection, n° 6025.

Rival seul répondait. Duroy eût voulu prouver de la présence d'esprit, mais il avait peur de perdre le fil de ses idées, de montrer le trouble de son âme ; et il était hanté par la crainte torturante de se mettre à trembler.

La voiture fut bientôt en pleine campagne. Il était neuf heures environ. C'était une de ces rudes matinées d'hiver où toute la nature est luisante, cassante et dure comme du cristal. Les arbres, vêtus de givre, semblent avoir sué de la glace ; la terre sonne sous les pas ; l'air sec porte au loin les moindres bruits : le ciel bleu paraît brillant à la façon des miroirs et le soleil passe dans l'espace, éclatant et froid lui-même, jetant sur la création gelée des rayons qui n'échauffent rien.

Rival disait à Duroy :

« J'ai pris les pistolets chez Gastine-Renette. Il les a chargés lui-même. La boîte est cachetée. On les tirera au sort, d'ailleurs, avec ceux de notre adversaire. »

Duroy répondit machinalement :

« Je vous remercie. »

Alors Rival lui fit des recommandations minutieuses, car il tenait à ce que son client ne commît aucune erreur. Il insistait sur chaque point plusieurs fois : « Quand on demandera : "Êtes-vous prêts, messieurs ?" vous répondrez d'une voix forte : "Oui !" »

« Quand on commandera "Feu !" vous élèverez vivement le bras, et vous tirerez avant qu'on ait prononcé trois. »

Et Duroy se répétait mentalement : « Quand on commandera feu, j'élèverai le bras, — quand on commandera feu, j'élèverai le bras, — quand on commandera feu, j'élèverai le bras. »

Il apprenait cela comme les enfants apprennent leurs leçons, en le murmurant à satiété pour se le bien graver dans la tête. « Quand on commandera feu, j'élèverai le bras. »

Le landau entra sous un bois, tourna à droite dans une avenue, puis encore à droite. Rival, brusquement, ouvrit la portière pour crier au cocher : « Là, par ce petit chemin. » Et la voiture s'engagea dans une route à ornières entre deux taillis où tremblotaient des feuilles mortes bordées d'un liséré de glace.

Duroy marmottait toujours :

« Quand on commandera feu, j'élèverai le bras. » Et il pensa qu'un accident de voiture arrangerait tout. Oh ! si on pouvait verser, quelle chance ! s'il pouvait se casser une jambe !...

Mais il aperçut au bout d'une clairière une autre voiture arrêtée et quatre messieurs qui piétinaient pour s'échauffer les pieds ; et il fut obligé d'ouvrir la bouche tant sa respiration devenait pénible.

Les témoins descendirent d'abord, puis le médecin et le combattant. Rival avait pris la boîte aux pistolets et il s'en alla avec Boisrenard vers deux des étrangers qui venaient à eux. Duroy les vit se saluer avec cérémonie puis marcher ensemble dans la clairière en regardant tantôt par terre et tantôt dans les arbres, comme s'ils avaient cherché quelque chose qui aurait pu tomber ou s'envoler. Puis ils comptèrent des pas et enfoncèrent avec grand-peine deux cannes dans le sol gelé. Ils se réunirent ensuite en groupe et ils firent les mouvements du jeu de pile ou face, comme des enfants qui s'amusent.

Le docteur Le Brument demandait à Duroy :

« Vous vous sentez bien ? Vous n'avez besoin de rien ?

— Non, de rien, merci. »

Il lui semblait qu'il était fou, qu'il dormait, qu'il rêvait, que quelque chose de surnaturel était survenu qui l'enveloppait.

Avait-il peur ? Peut-être ? Mais il ne savait pas. Tout était changé autour de lui.

Jacques Rival revint et lui annonça tout bas avec satisfaction :

« Tout est prêt. La chance nous a favorisés pour les pistolets. »

Voilà une chose qui était indifférente à Duroy.

On lui ôta son pardessus. Il se laissa faire. On tâta les poches de sa redingote pour s'assurer qu'il ne portait point de papiers ni de portefeuille protecteur.

Il répétait en lui-même, comme une prière : « Quand on commandera feu, j'élèverai le bras. »

Puis on l'amena jusqu'à une des cannes piquées en terre et on lui remit son pistolet. Alors il aperçut un homme debout, en face de lui, tout près, un petit homme ventru, chauve, qui portait des lunettes. C'était son adversaire.

Il le vit très bien, mais il ne pensait à rien qu'à ceci : « Quand on commandera feu, j'élèverai le bras et je tirerai. » Une voix résonna dans le grand silence de l'espace, une voix qui semblait venir de très loin, et elle demanda :

« Êtes-vous prêts, messieurs ? »

Georges cria :

« Oui. »

Alors la même voix ordonna :

« Feu ! »

Il n'écouta rien de plus, il ne s'aperçut de rien, il ne se rendit compte de rien, il sentit seulement qu'il levait le bras en appuyant de toute sa force sur la gâchette.

Et il n'entendit rien.

Mais il vit aussitôt un peu de fumée au bout du canon de son pistolet ; et comme l'homme en face de lui demeurait toujours debout, dans la même posture également, il aperçut aussi un autre petit nuage blanc qui s'envolait au-dessus de la tête de son adversaire.

Ils avaient tiré tous les deux. C'était fini.

Ses témoins et le médecin le touchaient, le palpaient, déboutonnaient ses vêtements en demandant avec anxiété :

« Vous n'êtes pas blessé ? » Il répondit au hasard : « Non, je ne crois pas. »

Langremont d'ailleurs demeurait aussi intact que son ennemi, et Jacques Rival murmura d'un ton mécontent :

« Avec ce sacré pistolet, c'est toujours comme ça, on se rate ou on se tue. Quel sale instrument ! »

Duroy ne bougeait point, paralysé de surprise et de joie : C'était fini ! Il fallut lui enlever son arme qu'il tenait toujours serrée dans sa main. Il lui semblait maintenant qu'il se serait battu contre l'univers entier. C'était fini. Quel bonheur ! il se sentait brave tout à coup à provoquer n'importe qui.

Tous les témoins causèrent quelques minutes, prenant rendez-vous dans le jour pour la rédaction du procès-verbal, puis on remonta dans la voiture, et le cocher, qui riait sur son siège, repartit en faisant claquer son fouet.

(Ire partie, chapitre VII)

EDMOND ROSTAND
Cyrano de Bergerac[1]
(1897)

Cyrano de Bergerac tire son épée contre le vicomte de Valvert, qui s'est moqué de son nez :

CYRANO, *déclamant.*
« *Ballade du duel qu'en l'hôtel bourguignon*
Monsieur de Bergerac eut avec un bélître ! »

LE VICOMTE
Qu'est-ce que c'est que ça, s'il vous plaît ?

CYRANO

C'est le titre.

LA SALLE, *surexcitée au plus haut point.*
Place ! — Très amusant ! — Rangez-vous ! — Pas de bruits !

Tableau. Cercle de curieux au parterre, les marquis et les officiers mêlés aux bourgeois et aux gens du peuple ; les pages grimpés sur des épaules pour mieux voir. Toutes les femmes debout dans les loges. À droite, de Guiche et ses gentilshommes. À gauche, Le Bret, Ragueneau, Cuigy, etc.

CYRANO, *fermant une seconde les yeux.*
Attendez !... Je choisis mes rimes... Là, j'y suis.
(Il fait ce qu'il dit, à mesure.)

1. Disponible dans la même collection, n° 6007.

Je jette avec grâce mon feutre,
Je fais lentement l'abandon
Du grand manteau qui me calfeutre,
Et je tire mon espadon ;
Élégant comme Céladon [1],
Aigle comme Scaramouche [2],
Je vous préviens, cher Myrmidon [3],
Qu'à la fin de l'envoi, je touche !
          (Premiers engagements de fer.)
Vous auriez bien dû rester neutre ;
Où vais-je vous larder, dindon ?...
Dans le flanc, sous votre maheutre ?...
Au cœur, sous votre bleu cordon ?...
— Les coquilles tintent, ding-don !
Ma pointe voltige : une mouche !
Décidément... c'est au bedon,
Qu'à la fin de l'envoi, je touche.

Il me manque une rime en eutre...
Vous rompez, plus blanc qu'amidon ?
C'est pour me fournir le mot pleutre !
— Tac ! je pare la pointe dont
Vous espériez me faire don, —
J'ouvre la ligne, — je la bouche...
Tiens bien la broche, Laridon !
À la fin de l'envoi, je touche.
                    (Il annonce solennellement.)
                    ENVOI

Prince, demande à Dieu pardon !
Je quarte du pied, j'escarmouche,
Je coupe, je feinte...
                    (Se fendant.)
                         Hé ! la, donc !
          (Le vicomte chancelle ; Cyrano salue.)
À la fin de l'envoi, je touche.

Acclamations. Applaudissements dans les loges. Des fleurs et des mouchoirs tombent. Les officiers entourent et félicitent Cyrano. Ragueneau danse d'enthousiasme. Le Bret est heureux et navré. Les amis du vicomte le soutiennent et l'emmènent.

                                        (acte I, scène II)

1. Personnage de *L'Astrée*, roman précieux d'Honoré d'Urfé (1567-1625).
2. Personnage de la comédie italienne.
3. Les Myrmidons sont un peuple de la Grèce cité dans l'*Iliade* et dont Achille est le roi.

VI - ASPECTS DU THÉÂTRE AU XVIIᵉ SIÈCLE
LES GRANDES REPRÉSENTATIONS DU *CID*

A) LE THÉÂTRE AU XVIIᵉ SIÈCLE

Jours de représentations et horaires

« Une ordonnance de police de 1609 fixe à deux heures de l'après-midi le début du spectacle, afin qu'en toute saison la représentation soit terminée avant la nuit, trop propice aux incidents. Mais, en fait, la comédie commence toujours très en retard, car on attend patiemment les spectateurs retardataires. On jouait donc seulement en matinée, jamais après le souper, sauf pour les représentations données à la cour. »

G. Mongrédien, *La Vie quotidienne des comédiens au temps de Molière*, Hachette, 1966.

Annonce du spectacle

« Le spectacle a été annoncé par affiches aux carrefours. De petit format, environ 40 × 50 cm, ces affiches sont rouges pour l'hôtel de Bourgogne, vertes pour le théâtre de la rue Guénégaud et jaunes pour l'Opéra ; elles n'indiquent que le titre de la pièce et le nom de l'auteur et ne comportent pas la distribution des rôles. La rédaction et l'impression de ces placards font partie des fonctions de l'''orateur'' de la troupe. »

Id., ibid.

Le décor

« À partir de 1630 environ, nos auteurs dramatiques découvrent chez les Italiens la règle aristotélicienne des trois unités. L'unité d'action et l'unité de temps furent les premières respectées ; c'est Mairet qui, le premier, formule ces règles dans la préface de sa *Silvanire* publiée en 1631. La *Médée* de Corneille (1635) et *Le Cid* (1636) furent encore jouées dans des décors multiples, comme le texte l'exigeait d'ailleurs. Mais à partir de cette date, on voit le nombre des ''mansions'', qui était autrefois de cinq à sept, se réduire à deux ou trois. Au fur et à mesure que l'unité de temps — vingt-quatre heures en principe, mais en fait souvent moins — est mieux respectée, obligeant les auteurs à une concentration de l'action dramatique, on voit apparaître et se répandre le décor unique, le fameux "palais à volonté" de la tragédie, valable aussi bien pour les pièces qui se passent dans l'Antiquité romaine et grecque que dans l'Orient. On constate, vers 1645, la disparition du décor multiple. »

Id., ibid.

L'éclairage

« Derrière la toile comme dans la salle, on se servait, au milieu du XVIIᵉ siècle, des deux systèmes d'éclairage, l'huile et la cire. [...] L'on se préoccupait beaucoup des dangers d'incendie. Pour combattre le feu, on avait de grosses éponges fixées au bout de longs bâtons et des seringues de gros modèle avec de l'eau en réserve.

L'éclairage de la scène paraît être ce qui laissait le plus à désirer ; on débattait beaucoup à cette époque sur la place que devaient occuper les lumières. Les uns les voulaient en haut, du côté des spectateurs ; les autres à droite, ou au fond, ou à gauche ; il n'y a pas de trace, dans les dessins du temps, de lumières placées en bas sur le devant de la scène [...]. La rampe dut venir par les théâtres infimes et par le perfectionnement du procédé élémentaire des chandelles que posaient à terre les comédiens trop pauvres pour avoir des lustres au plafond. »

Ludovic Lecler, *Les Décors, les costumes et la mise en scène au XVIIᵉ siècle* (1869).

Les costumes

« Dans les théâtres de Paris, les costumes étaient somptueux ; dès 1606, nous voyons Valleran le Conte muni de robes et de casaques de drap d'or, de velours cramoisi, de damas et de taffetas ; dans les inventaires notariés que nous possédons, notamment ceux de Molière et de plusieurs de ses compagnons, et aussi celui de Le Noir, du théâtre du Marais, nous retrouvons de riches costumes de velours, de taffetas ou de satin, des bouquets de plumes multicolores, des jupes de toiles d'or, de moire ou de soie, des broderies d'or ou d'argent (souvent faux, quoi qu'en dise Chappuzeau). À une époque où les produits manufacturés étaient fort chers, l'acquisition de ces habits entraînait pour les comédiens de grosses dépenses. [...]

La richesse des costumes excluait cependant tout souci de vérité et de couleur locale ; les simples bergers des pastorales "portent des habits de soie et des houlettes d'argent". Quant aux rôles tragiques, la coutume était de les jouer en costume de l'époque. Tout au plus coiffait-on les souverains orientaux de turbans, mais les héros tragiques apparaissaient sur scène costumés comme les courtisans de Versailles ; Alexandre portait une perruque, un panache de plumes à son chapeau et une cravate de dentelle autour du cou. Les cuirasses étaient remplacées par un corps de moire, de satin ou de velours orné de ramages d'or et d'argent ; Mˡˡᵉ de Villiers, dans le rôle de Chimène, ressemblait à Anne d'Autriche, la Champmeslé, dans celui de Phèdre, à Mme de Montespan, et Polyeucte entrait en scène habillé d'un pourpoint à l'espagnole, d'un haut-de-chausses à crevés et coiffé d'une toque à plumes. Malgré les protestations d'un d'Aubignac contre ces anachronismes, il faudra attendre Lekain, et surtout Talma, pour constater un effort vers la vérité historique du costume. »

G. Mongrédien, *op. cit.*

Les spectateurs envahissent la scène

« Un jour, un marquis imagine d'amener avec lui un chien de haute taille ; un autre installe sur la scène, avant le commencement du spectacle, tous les bossus, les manchots et les nains qu'il avait ramassés dans les bouges de la capitale. Un autre jour, comme Mlle Duménil représentait dans la tragédie de Corneille le rôle de l'odieuse Rodogune, un vieux militaire se précipite sur Duménil-Rodogune et lui envoie un coup formidable dans le dos, en criant : "Va, chienne, à tous les diables !" […]

Pour débarrasser la scène de ces importuns, il faudra de longues réclamations, une campagne qui durera un siècle, toute l'opiniâtreté de Voltaire. »

G. Coquiot, *Nouveau manuel complet du peintre-décorateur de théâtre*, Léonce Faguet, 1980.

B) LES GRANDES INTERPRÉTATIONS DU *CID*

1. Le Cid *à l'hôtel du Marais*

Guillaume de Montdory, né à Thiers en 1594, avait fait la connaissance de Corneille à Rouen à l'occasion d'une tournée de la troupe qu'il dirigeait. C'est à partir de 1634 que Montdory ouvrit le théâtre du Marais, rue Vieille-du-Temple, dans un quartier que l'élégante Place Royale, actuelle Place des Vosges, avait mis à la mode. Installé dans un jeu de paume, le théâtre du Marais affectait la forme d'un rectangle allongé d'une trentaine de mètres sur onze ou douze. Le parterre est laissé aux spectateurs debout, tandis que deux galeries superposées, où se trouvent des loges, courent à droite et à gauche.

Montdory avait déjà donné *Mélite* (1629), *Clitandre* (1631), *La Veuve* (1632), puis *La Galerie du Palais* (1633), *La Suivante* et *La Place Royale* (1634).

On estime, d'après la correspondance de Montdory et de Chapelain, que la première représentation du *Cid* eut lieu dans la première quinzaine de janvier 1637. En voici la distribution : Rodrigue : Montdory - Chimène : la Villiers - l'Infante : la Beauchâteau - Don Diègue : Baron père - Don Sanche : d'Orgemont - Don Gormas : Villiers.

Montdory, alors âgé de plus de quarante ans, était au sommet de son art. La séduction de sa voix et sa science de la diction lui assuraient un triomphe après la déclamation des stances. Il était le seul comédien de son temps à ne pas porter sur scène la perruque alors en usage et jouait les cheveux courts. Pour le reste, il se conformait aux habitudes du temps et, comme ses compagnons, apparaissait en costume de l'époque : il faut imaginer un Rodrigue coiffé d'un feutre noir empanaché, vêtu d'un justaucorps à fraise plate et à manches bouffantes.

Aucun document ne nous permet de reconstituer avec exactitude le décor imaginé par Montdory. Mais comme c'était le cas au début du XVIIe siècle, il devait être sommaire et suggérer la fonction des lieux plus que les représenter avec précision. Selon M. Descotes, il devait comporter « des compartiments ménagés au fond de la scène ; et sur les côtés, évoquant les divers lieux de l'action par des peintures ou des accessoires [1] ».

Le Cid fut un événement considérable, et le théâtre du Marais ne désemplissait pas. On a même prétendu que l'usage de placer des chaises sur la scène remontait aux premières représentations du *Cid* : il fallait « caser » les personnes de qualité, qui affluaient autant que les petits bourgeois du voisinage. La pièce fut donnée trois fois devant la reine, et deux fois en l'hôtel de Richelieu, malgré le rôle que ce dernier joua dans la querelle du *Cid*.

2. *Un Rodrigue de soixante-sept ans*

Fils de Baron qui créa le rôle de don Diègue, Baron le jeune, né en 1653, fut titulaire du rôle du Cid à l'hôtel de Bourgogne :

« Quand il reprit le rôle de Rodrigue en 1720, Baron avait largement dépassé l'âge du héros. On a souvent rapporté les incidents que provoqua cette téméraire reprise : le public éclatant de rire au passage célèbre : ''Je suis jeune, il est vrai...'', et Baron reprenant le début du vers avec tant d'assurance et de fermeté qu'il enlevait l'applaudissement ; Baron se jetant aux pieds de Chimène et incapable de se relever. On est en droit de penser que Baron était alors victime, beaucoup plus que de son âge, du style dramatique qu'il avait imposé : s'il s'était contenté de *déclamer* le rôle, la disproportion d'âge entre son personnage et lui n'aurait pas attiré l'attention. Mais Baron avait habitué le public à voir en lui, non pas un comédien qui jouait Rodrigue, mais Rodrigue lui-même : c'est dans cette perspective seulement (elle nous paraît toute naturelle, elle ne l'était pas à l'époque) qu'un Cid septuagénaire est gênant [1]. »

3. *Le Cid à l'époque romantique*

« Ce que firent du Cid les acteurs romantiques, c'est à l'interprétation de Beauvallet qu'il faut le demander. [...] »

Beauvallet fut un acteur romantique, non pas tellement parce qu'il interpréta les drames de Hugo (Saltabadil du *Roi s'amuse*, Angelo, Job

1. M. Descotes, *Les Grands rôles du théâtre de Corneille*, chapitre « *Le Cid* », P.U.F., 1962.

des *Burgraves*), ou de Dumas (Aquila dans *Caligula, Lorenzino*), mais parce qu'il justifiait son style de comédien en invoquant les principes de la nouvelle école. On peut laisser de côté, pour secondaire, son goût du costume historique : depuis la réforme de Talma, l'originalité en ce domaine était mince. Mais il était, très exactement, selon son surnom, le Talma de la banlieue. Tous les effets mis en œuvre par l'illustre modèle, on les retrouvait, chez Beauvallet, amplifiés jusqu'à la caricature : la sauvagerie, le romanesque byronien, les expressions fatales ; et surtout les effets de voix. Beauvallet avait, à ses débuts, sidéré le jury du Conservatoire par la puissance de son organe dans un corps chétif et maigre — sidéré et scandalisé : on l'avait renvoyé aux spectacles de barrière. Mais, depuis que Talma, et après lui Bocage et Frédérick, avaient fait considérer comme une manifestation de l'art, les écarts vocaux, les dissonances rythmiques, Beauvallet pouvait jouer sans crainte des ressources de cet organe. Sans doute manquait-il de suavité dans l'expression de la tendresse ; mais les parties "conquérantes" du rôle, l'éclat, la vigueur étaient son apanage.

En 1842, il fut appelé à donner la réplique à Rachel qui s'essayait dans le rôle de Chimène. Son goût du costume original, cette fois, le servit mal et Théophile Gautier, pourtant bien disposé à son égard, déplora certaine "blouse vert d'eau", qui "ôtait toute gravité à son extérieur". Il s'appliqua à mettre en valeur "la chaleur, la jeunesse, l'entraînement [1*]" de Rodrigue à sa manière, qui était celle d'un comédien sans mesure, l'ardeur du personnage étant exprimée par des gestes désordonnés : grands mouvements des bras brandissant une épée, agenouillements spectaculaires aux pieds de l'amante. Et surtout, il fit résonner son organe caverneux de basse taille, avec d'autant plus de vigueur qu'il donnait la réplique à Rachel qu'il détestait, parce qu'il était entendu que le spectateur venait voir la tragédienne et non assister à la tragédie ; et Beauvallet ne se résignait pas à jouer les seconds rôles. Il déployait alors toute la puissance de sa voix pour écraser de ses accents celle de sa partenaire. Ces effets de déclamation plaisaient à une partie du public qui en avait entendu d'autres sur les boulevards.

Grâce à la vigueur de ses poumons et à sa forte voix, qui eût pu faire envie au fameux Stentor des Grecs, il disait superbement le récit de la bataille**. »

M. Descotes, *op. cit.*

1. Les notes appelées par un astérisque proviennent de l'édition originale.

* Gautier, *La Presse*, 24 janvier 1842.
**Louvet, *Mademoiselle Rachel*, p. 18.

4. *Le Cid de Mounet-Sully*

« Après l'éclatant succès qu'il avait obtenu dans Oreste, Mounet-Sully, avec Rodrigue, déçut*. Il s'en est expliqué très franchement lui-même : Rodrigue le tentait peu ; à trente ans, il se jugeait déjà trop marqué pour le rôle. Comme Talma, il aurait préféré incarner un personnage plus mystérieux, aux lignes moins franches : Hamlet par exemple — comme Talma encore — qu'il devait triomphalement jouer à partir de 1886. Et de Rodrigue, il fit une sorte d'Hamlet ou d'Oreste :

> J'avais mal compris le rôle. Je laissais traîner le tempérament d'Oreste dans le Cid. Je le jouai farouche, sombre, mélancolique *(Mémoires)*.

> Rodrigue est un très jeune homme qui a un gros chagrin ; mais, malgré le "Percé jusques au fond du cœur...", ce n'est pas un triste ! Or ne voilà-t-il pas que j'avais assombri plus que de raison le héros de Corneille, et mes amis m'ont assuré que l'effet produit était celui d'une longue mélopée**.

Paul de Saint-Victor rechigna : ce n'était pas là un "coup de maître" et l'on ne pouvait accepter cet "Almanzor fiévreux et fatal" auquel le comédien prêtait "des attitudes de Spavento révolté***".

Sarcey fut suffoqué. Sans doute ce Rodrigue-là était-il jeune et beau, la voix était-elle charmante. Mais

> il s'est imaginé un idéal de personnage mélancolique, tendre, fatal et légèrement excentrique qu'il voudrait toujours représenter [...]. Il s'est obstiné à ne voir dans le Cid qu'un amant désolé, un pâtre du Lignon à qui l'amour aurait tourné la tête****.

Mounet s'était, en effet, composé une étrange figure : cheveux cerclés autour de la tête, visage fatal, yeux égarés. Et, en harmonie, la diction prolongeait au "des sonorités d'oiseau de nuit les finales de tous les vers pour leur donner un cachet de désespoir mélancolique".

Le rétablissement fut très rapide. Dès la troisième représentation, Mounet-Sully donnait de son personnage une image toute différente. En Rodrigue il voyait désormais

> un enfant en lequel, aux premières scènes, un héros est en puissance. Ce petit garçon contient en lui un héros comme Polyeucte contient un martyr. Le Cid est un page, un page amoureux dont le désespoir est profond à la mesure de sa nature ardente et sensible à l'excès *(Mémoires)*. [...]

En d'autres termes, Mounet-Sully réalisait la synthèse de la puissance et de la grâce, sans jamais faire de Rodrigue ni un matamore, ni un pâtre du Lignon. Cette réussite était particulièrement sensible dans le récit de

---

* La première représentation eut lieu le 3 octobre 1872.

** Déclaration à Pierre Le Vassor (3 décembre 1913), à l'occasion de la 1 000ᵉ représentation du *Cid*.

*** *Moniteur universel*, 7 octobre 1872.

**** *Temps*, 14 octobre 1872.

la bataille contre les Maures qu'il jetait, non en conquérant triomphant, mais avec "une espèce de joie ingénue*" :

> Il est jeune, il est beau, il est fier, il est ingénu. Il n'a pas peur du ridicule, il a un sourire enfantin qui découvre ses dents, quand son roi l'appelle Cid et l'embrasse**.

Ce récit de la bataille était agrémenté d'effets de pantomime plastique, qui ne furent pas du goût de tout le monde :

> Il avance avec les Espagnols, il fuit avec les Maures ; il se courbe pour peindre la troupe des soldats couchés contre terre, il se redresse lorsqu'elle se relève.

Certains ne virent là que "sculptomanie pittoresque***". D'autres, comme Gueullette, admirèrent sans réserve et en particulier la mimique qui accompagnait les deux vers :

> Les Maures et la mer montent jusqu'au port
> Le flux les apporta, le reflux les remporte**** [...]

Dans les *Stances* même, l'éclat succédait bientôt à la complainte. Quand il s'écrie :

> Mourir sans tirer ma raison !
> Rechercher un trépas si mortel à ma gloire !
> Endurer que l'Espagne impute à ma mémoire
> D'avoir mal soutenu l'honneur de ma maison !

il ne chante plus ; il est emporté par le mouvement de l'idée, et il dit avec une merveilleuse largeur de style, aussi bien qu'avec un sentiment profond, ces vers :

> Je dois tout à mon père avant qu'à ma maîtresse ;
> Que je meure au combat, ou meure de tristesse,
> Je rendrai mon sang pur comme je l'ai reçu...

À ce dernier vers, un frémissement a couru toute la salle. Ce sont là des sensations que rien ne peut égaler (Sarcey). »

M. Descotes, *op. cit.*

5. *Une représentation pittoresque :* Le Cid *à* Damas, *traduit en vers arabes, au début du siècle*

« Mais le mouvement, l'animation de la salle détournent toute mon attention. Dans les loges assez peu garnies, il y a quelques officiers en uniforme, tout reluisants, sous leurs aiguillettes en sautoir ; des familles de bourgeois chrétiens, deux ou trois femmes en chapeaux très voyants et très empanachés. Çà et là, de petits fonctionnaires turcs, des élèves de l'École militaire. On me signale même, parmi les notables musulmans, un ancien gouverneur de Syrie, dont le nom est célèbre là-bas. Tout ce

---

* J. Lemaître, *Impressions de théâtre*, I, p. 3 (15 juin 1886).
** *Idem.*
*** Paul de Saint-Victor, *Moniteur universel*, 7 octobre 1872.
**** Gueullette, *Répertoire de la Comédie-Française*, I, p. 126.

monde restreint des premières est insignifiant, il compte à peine. Le vrai
public, c'est celui du parterre, le bon public populaire qui se presse sur
les bancs, ou qui s'accroupit sur les nattes : soldats de la garnison, en
pantalons et en dolmans de toile bleue, comme les bourgerons de nos
ouvriers, paysans de la banlieue, portefaix, Bédouins en dalmatiques écla-
tantes, immobiles sous le cache-nuque et les torsades de cordons en poils
de chameaux qui leur encerclent le crâne, enfin la patrouille de nuit, qui
occupe un banc spécial, des types farouches de bandits, les bras croisés
et le fusil entre les jambes. Parmi cette foule, une escouade de serveurs
circule continuellement : un mouchoir torchonné autour de la tête, un
enfant passe entre les files des spectateurs, en tendant un brasero, où
les fumeurs de narguilés saisissent des charbons au bout d'une pincette.
Un garçon rince des tasses et des verres dans une vasque ancienne, à demi
recouverte par le nouveau plancher du parterre. Et c'est un va-et-vient
étourdissant de marchands de cacahuètes, de noisettes, de pistaches,
d'amandes grillées, de pois chiches et de bonbons...

Les trois coups réglementaires retentissent. Le rideau s'écarte, et,
comme un seul homme, toute l'assistance se lève, tandis que, sur la scène,
la troupe au complet entonne l'hymne impérial : *Louange à Dieu et longue
vie au Sultan Abd-ul-Hamid* ! Puis cette formalité officielle accomplie,
on se rassied et la pièce commence... Premier décor : une salle à manger
moderne, telle du moins que peut la concevoir une imagination levantine !

Endimanchée d'une robe de satin rose, une maigre Juive pleurnicheuse
et criarde y soutient une conversation avec une jeune bonne en tablier
à bavette. Survient un pénitent, drapé dans une cagoule, qui congédie
les deux femmes et qui se précipite au-devant d'un druide, vieillard véné-
rable à barbe de fleuve. Leurs propos, d'abord courtois, tournent à l'aigre,
on se querelle, on s'injurie. Finalement, le pénitent en cagoule soufflette
le druide... Qu'est-ce que tout cela signifie ? Où sommes-nous ? À quoi
rime cette salle à manger de ménage pauvre, cette Juive et sa bonne, ces
deux barbons en costume de carnaval ?... Peu à peu, en attrapant des
mots au vol, en suivant, tant bien que mal, l'intrigue, quelle n'est pas
ma stupeur de constater que j'assiste, ce soir de Rhamadan, à Damas,
dans la cité des Khalifes, à une représentation du *Cid* de Corneille !...
Oui ! notre *Cid* français traduit en vers arabes ! Plus de doute ! Voici
Rodrigue, la taille guêpée dans un pourpoint vert pomme, en culotte rose
tendre et en bottes Chantilly. La Juive en jupe de satin, c'est Chimène,
et la jouvencelle que j'avais prise pour une bonne, c'est Elvire, sa confidente. Le druide n'est autre que Don Diègue, et le pénitent noir représente Don Gormaz !... À mesure que la pièce se poursuit, mes présomp-
tions se transforment en certitudes, et mon ahurissement redouble. Je
reconnais mes personnages classiques sous des travestissements invrai-
semblables : ce qui n'est pas toujours commode. Ainsi, maintenant, voici
que les fanfares éclatent : un cycliste paraît, en bottines lacées, culotte
courte et maillot. On s'incline devant lui, on le fait asseoir sur un fau-
teuil avec de grandes marques de respect... C'est le roi de Castille, Don
Alphonse ! Pour achever de m'en convaincre, sa garde se range de chaque côté de son trône. Cette garde espagnole, elle a une crânerie toute

militaire sous ses justaucorps Louis XV et ses tricornes à la française, et elle manœuvre ses tromblons avec ensemble, bien qu'elle comprenne deux légionnaires romains et — qui dira pourquoi ? — un domino brun !...

J'avoue que mon premier mouvement avait été du dépit. Moi qui escomptais les plus pures jouissances exotiques, je m'échouais dans une soirée de l'Odéon. Mais c'était si drôle, si bon enfant, que bientôt je fus conquis et que j'écoutai la pièce avec le même recueillement que l'auditoire. Ah ! ceux-là, comme ils vibraient ! surtout les bonnes gens du parterre ! Les passages de bravoure étaient applaudis frénétiquement. On sentait que ces hommes de race guerrière étaient de toute leur âme avec Rodrigue. Lorsque l'acteur s'avança — un jeune Égyptien très svelte et au profil admirablement pur —, et lorsque se cambrant dans son pourpoint vert pomme, faisant sonner les éperons de ses bottes Chantilly, il se mit à déclamer les stances fameuses :

Percé jusques au fond du cœur...

vraiment, je sentis passer, au-dessous de moi, le frisson du sublime. La patrouille de nuit, appuyée sur les canons de ses fusils, était comme pétrifiée d'admiration. Personne ne bougeait plus, depuis les officiers resplendissants d'aiguillettes jusqu'aux portefaix en blouse de travail. En revanche, quand Chimène — l'impudique ! — vint étaler ses douleurs d'amoureuse devant le roi — alors les susceptibilités musulmanes se réveillèrent dans tous ces mâles. Ce fut un éclat de rire général. Puis, comme elle continuait ses doléances inconvenantes, on la houspilla, on cria à cette dévergondée de retourner au harem. Le tapage ne s'apaisa qu'avec la réapparition de Rodrigue, qui s'affirma de plus en plus comme le héros préféré et l'idole du public. »

Louis Bertrand, *Le Mirage oriental*, 1909.

7. *Jean Vilar et Gérard Philipe : le festival d'Avignon et le T.N.P.*

LA BONNE FOLIE D'AVIGNON

1948, Jean Vilar a rendez-vous avec Gérard Philipe. Il lui offre de jouer *Le Cid* au prochain festival d'Avignon. Philipe est très réservé, il semble considérer la proposition comme farfelue et s'excuse en déclarant qu'il n'est d'accord ni avec Corneille en général, ni avec *Le Cid* en particulier. Une fois son visiteur parti, Vilar laisse éclater sa mauvaise humeur devant son confident Léon Gischia... « Quel petit c... ! Comment peut-on parler ainsi de Corneille ! »

Novembre 1950, Jean Vilar est dans sa loge à l'Atelier, en train de se démaquiller, il a joué *Henri IV* de Pirandello dans une mise en scène d'André Barsacq. Gérard Philipe est devant lui et lui propose ses services.

— Mais je n'ai pas de théâtre, précise Vilar ; la seule entreprise dont je peux vous assurer c'est Avignon, 1951, c'est-à-dire le cinquième festival.

— Je serai donc du prochain Avignon, affirme son interlocuteur.

Deux jours après, Vilar lui remet le manuscrit du *Prince de Hombourg*. Philipe dit oui. Vilar ajoute : « Et *Le Cid* ? » Philipe baisse la tête, sourit, puis se tait. [...]

Puis ce sont de longues conversations avec Vilar et Léon Gischia, les premières répétitions dans un petit studio de danse du théâtre des Champs-Élysées. Lentement Gérard Philipe est conquis, séduit. Vilar le rapproche du personnage de Rodrigue. [...]

LE T.N.P.

Le 17 novembre 1951, Jean Vilar planta ses tréteaux dans la salle de spectacles de la Cité-Jardin à Suresnes. Au programme, *Le Cid*, et *Mère Courage* de Bertolt Brecht. Les sceptiques se récrièrent, monter des classiques en banlieue, quelle inutilité, il n'y aura personne ! Les sceptiques eurent tort, il y en eut quinze cents ; Vilar ne proposait pas des représentations scolaires avec des comédiens d'infortune, Vilar proposait une fête, Vilar proposait un théâtre de rapprochement entremêlé de concerts, de bals, d'entretiens avec les acteurs et de trois repas, tout cela pour un prix forfaitaire que ne grossirait aucun supplément. L'ambiance et l'emploi du temps du premier soir méritent d'être décrits : ils sont complètement insolites par rapport à ceux généralement constatés dans un théâtre traditionnel. La séance débute par un concert ; à la fin de celui-ci, on note un premier geste spontané qui ravit les assistants : leurs morceaux terminés, les musiciens sortent sans enlever leurs pupitres. Gérard Philipe s'en aperçoit, et le plus simplement du monde, débarrasse le plateau : la vedette présumée accepte à l'occasion l'emploi de machiniste. Le dîner qui suivit fut pris au coude à coude, acteurs, musiciens, techniciens, spectateurs, tous entremêlés.

À 21 heures, c'est la découverte de la scène purifiée, voulue par Vilar sans rideau, sans rampe, sans décors peints sur toile, c'est le miracle du *Cid*. « On découvrit, à la stupéfaction générale, rapporte un témoin, la beauté du *Cid*, la jeunesse du *Cid* de Corneille. J'ai vu les gens pleurer dans la salle. Salacrou essuyait ses yeux, le boutiquier de Suresnes tirait son mouchoir. » [...]

Cette soirée « historique » se devait de se terminer sur une pirouette. Après la représentation, Gérard Philipe est questionné par une journaliste de la radio. « Nous avons tous été surpris, explique-t-elle, par le non-vieillissement de cette pièce qui a pourtant été écrite il y a trois siècles. *Le Cid* a gardé une étonnante jeunesse. Voulez-vous me dire, Gérard Philipe, à qui vous attribuez cette jeunesse encore actuelle du *Cid* ? »

Et Gérard Philipe sans hésiter : « À Pierre Corneille, madame. »

A. de Baecque, *Le Théâtre aujourd'hui*,
Seghers, 1964.

C) LES REPRÉSENTATIONS RÉCENTES DU *CID*

1949 *Comédie-Française, mise en scène de Julien Bertheau (Debucourt, Davy, Falcon, Gaudeau).*
1951 *Festival d'Avignon, mise en scène de Jean Vilar (G. Philipe, F. Spira, J. Vilar, J. Moreau).*
1955 *Comédie-Française, mise en scène de Jean Yonnel (Escande, Davy, Eyser, Guers).*
1963 *Comédie-Française, mise en scène de Paul-Émile Deiber (Destoop, Winter, musique Marcel Landowski).*
1972 *Théâtre de la Ville, mise en scène de Denis Llorca (J.-M. Flotas, J.-C. Jay).*
1977 *Comédie-Française, mise en scène de Terry Hands (Huster/Beaulieu, Agénin/Mikael, Etchevery, Eyser, Silberg, Gence).*

En 1978, *Le Cid* totalise 1 625 représentations à la Comédie-Française, depuis 1680.

1985 *Théâtre du Rond-Point, mise en scène de Francis Huster (F. Huster, J. Marais, J.-L. Barrault, J. Gastaldi).*
1988 *Théâtre de Bobigny, mise en scène de G. Desarthe (J. Alric, V. Garrivier, M. Basler, M. Matheron, C. Cyriaque, C. Brault).*

Sur le Cid de Francis Huster

[...] Forcément, dans une pièce si vibrante de vie, et dans une mise en scène si sincère, si chaleureuse, le don des acteurs fait tout. Ici, la fête bat son plein.

Et d'abord, salut et merci aux grands frères, aux grandes gloires ! « Ô rage, ô désespoir », le don Diègue de Jean Marais dépasse ce qu'on pouvait rêver. Un dieu de l'Olympe et le roi des Forêts. Immense, droit comme un peuplier, surmonté d'un drapeau de neige ivre de victoires et de vent, et cette énergie de cœur, et cet or féerique de la voix qui donne à partager les beautés de la parole, et que Jean Marais faisait flamber déjà lorsque, encore jeune homme, il jouait *Andromaque, Britannicus* ou *L'Éternel retour*.

« *Viens, que ton roi t'embrasse* », — le roi de Jean-Louis Barrault est fascinant de mystère, de secrets d'État, de désenchantement, Barrault si net et toujours vert, et qui a eu l'intelligence d'accueillir dans son théâtre cette belle aventure du *Cid*. [...]

Un couple inoubliable

Enfin, à tout créateur tout honneur, le Rodrigue de Francis Huster, superbe, rompt avec toutes les idées reçues, et est d'autant plus convaincant. Huster ne s'en tient pas du tout à tabler sur le panache, à lancer les tirades de charme ou de courage. Il donne un Rodrigue très intériorisé, d'une mélancolie maîtrisée, qui lutte contre l'inévitable. Il s'arrache à des ténèbres, mais en même temps il reste d'une enfance désarmante. C'est beaucoup plus riche que les Rodrigue connus, plus aventureux.

Le Rodrigue de Francis Huster, romantique, ténébreux et responsable, forme avec la Chimène de Jany Gastaldi un couple inoubliable, qui va galvaniser, durant des semaines, les jeunes et moins jeunes consciences du pays de Pierre Corneille. Décor de Pierre-Yves Leprince, costumes de Dominique Borg, musique de Dominique Probst, lumières de Geneviève Soubirou : bravo et merci à tous.

Michel Cournot, *Le Monde*,
30 novembre 1985.

Sur Le Cid *de Gérard Desarthe*

[...] *Le Cid*, à travers les âges, est devenu une pièce monstre. Aussi inusable que le Mont-Blanc. Chimène et Rodrigue enjambent les temps, zombies de science-fiction. Les voici en Autriche-Hongrie. Il y a là des uniformes de soldats de plomb, vestes à brandebourgs, casques à pointe. Ou serait-ce l'Afrique ? Un lion de la grande espèce fait le guet derrière la porte et des autruches reposent au frais, à l'ombre. [...]

Là où Desarthe est très fort, c'est que ces dolmans autrichiens et ces grands fauves africains et le défilé de cette fabuleuse anthologie de figures de l'art dramatique contribuent à nous faire regarder des deux yeux, et écouter des deux oreilles, la pièce de Corneille *Le Cid* avec, bien sûr, plus de plaisir et d'émotion que jusqu'ici, mais, voilà le miracle, avec plus d'exactitude que jamais. Parce que, constamment, nous nous apercevons que nous « découvrons » le propos entier, et bien cornélien, de scènes qui étaient sans doute restées, auparavant, un peu brumeuses. C'est-à-dire que Desarthe, en lâchant ses bêtes de scène, répond exactement au propos de Corneille : il « relève ce qui languit ».

Id., ibid., 25 janvier 1988.

— Votre « lecture » du *Cid* veut surprendre à son tour ?
— Je n'ai pas de lecture du *Cid*. Une vision, plutôt, que j'ai confrontée à l'avis de mes dramaturges pour être sûr qu'elle n'était pas idiote. Corneille parlait de son époque, le XVIIe siècle, critiquait ou encensait le pouvoir. Il s'est servi, pour cela, d'une légende médiévale située deux siècles plus tôt en Espagne. Monter *Le Cid* en médiéval espagnol, cela a été fait, très bien fait, je n'en veux plus. Le monter dans un salon XVIIe style Versailles, cela a été fait, très bien fait, je n'en veux plus.

J'ai donc sauté le XVIIIe et une partie du XIXe, et me suis retrouvé avec la vision de la Vienne austro-hongroise au tournant du siècle dernier. Des images de dureté, de brutalité, d'élégance, de désinvolture comme celles de Senso, de Visconti ou de Redl. J'ai cherché la limite temporelle où je pouvais amener cette légende immortelle, et je suis tombé sur cette période où les empires existent encore, où il y a encore des petits rois, des infantes, où les duels se pratiquent couramment, contrairement à l'époque de Corneille, celle de la Fronde, durant laquelle ils étaient interdits.

— Avez-vous pris le parti d'un traitement réaliste des situations ?

— J'ai voulu construire plutôt un univers un peu étrange. L'action se déroule dans un musée squatté par des militaires. Ils font de la gymnastique et s'entraînent très tôt, en catimini, à l'usage des armes. *Le Cid* est une pièce préhistorique. On a essayé de vérifier cette idée, et, petit à petit, les choses, les moments, se sont mis en place.

— La première difficulté de la pièce est qu'elle est écrite en alexandrins. N'était-ce pas un risque de la confier à des acteurs inexpérimentés ?

— Si j'ai opéré un certain nombre de glissements historiques, je n'ai pas touché à un seul alexandrin. Je tiens à ce qu'on les entende le mieux possible. La langue de Corneille est difficile, codée, et se déchiffre comme une partition. Je l'ai moi-même déchiffrée avec un grand professeur de versification au Conservatoire, indiscutable, Michel Bernardy. Nous avons découpé chaque vers en pauses, en tenant compte de ses césures et de ses temps. Je tenais à ce que l'on entende les vers que l'on n'entend jamais. Ceux que l'on connaît, c'est parfait, toute la salle les dira avec les acteurs. Pour les autres, j'ai par exemple rajouté la première scène, coupée dans de nombreuses éditions, qui nous présente Gormas et Elvire.

Je voulais que le premier acte soit celui des pères. Plus tard, j'ai découvert que Rodrigue n'était pas un héros d'entrée de jeu, comme on l'entend souvent. Les événements extérieurs — sa victoire sur les Maures et le fait que le roi a besoin d'un jeune homme providentiel pour liquider la féodalité — font de lui le Cid. Après la bataille, après avoir trempé ses mains dans le sang, Rodrigue devient une statue, une légende, un homme dur qui ne m'intéresse pas du tout. [...]

À partir de là, l'histoire d'amour des trois enfants, Rodrigue, Chimène et l'Infante — on oublie souvent la petite Infante dont on coupe les répliques — va tourner au massacre. Faire croire à Chimène que son père est mort puis, une seconde plus tard, lui annoncer qu'il est vivant a de quoi la rendre folle. On dit souvent que Chimène est une emmerdeuse. C'est une erreur : elle est jeune, belle, magnifique ; elle est dure, elle va jusqu'au bout. L'Infante est aussi un personnage magnifique. Mais, par sa naissance, elle est broyée, vit en vase clos, seule.

Entretien de G. Desarthe avec Olivier Schmitt,
Le Monde, 20 février 1988.

VII - GLOSSAIRE

Abord : approche, arrivée ; attaque.
Accommoder : réconcilier.
Aimable : digne d'amour.
Alarmes : dangers courus à la guerre.
Allégeance : allègement.
Amant : qui aime d'amour et désire être aimé.
Appas : charme, attrait.
Balancer : hésiter.
Brigue : intrigue amoureuse (v. 13) ; cabale, parti.
Change : changement.
Charmes : attraits puissants.
Cœur : courage ; dispositions intimes.
Confondre (se) : tomber dans le désordre.
Confus : troublé, bouleversé.
Décevoir : tromper.
Dedans : dans.
Démentir : désavouer, renier.
Déplaisir(s) : désespoir.
Déplorable : digne de compassion.
Discord : dispute ; désaccord.
Discours : récit (v. 1157).
Élire : choisir, prendre par préférence.
Ennui : douleur, tourment.
Ensemble : tout à la fois.
Estime : bonne réputation, gloire.
Étonner : faire trembler ; causer une violente commotion.
Étrange : extraordinaire ; terrible, épouvantable.
Fer : épée.
Fers : liens de l'amour.
Franchise : liberté, indépendance.
Gêner : torturer, au physique comme au moral.
Généreux : bien né ; magnanime, noble.
Gloire : considération, estime, renommée ; éclat, splendeur ; honneur.
Heur : bonheur.
Incessamment : continuellement, sans relâche.
Inégalité : caprice, inconstance.
Maîtresse : fiancée ; jeune fille aimée.

Manie : folie.
Misérable : malheureux, digne de pitié.
Nœud(s) : lien ; lien(s) du mariage.
Objet : personne aimée.
Partie : adversaire dans un procès.
Querelle : cause.
Raison : vengeance, satisfaction (v. 331).
Ressentiment : douleur, sentiment vif d'une chose désagréable.
Reposer (se) : se calmer.
Solliciter : induire à entreprendre quelque chose.
Submission : soumission.
Travaux : entreprises dangereuses.
Vain : vide, dépourvu de valeur ; orgueilleux.
Vertu : courage, énergie ; grandeur d'âme ; mérite personnel.

VIII - ÉLÉMENTS BIBLIOGRAPHIQUES

A. *Éditions*

La première édition du *Cid* parut le 21 janvier 1637. L'édition de 1648 contenait peu de modifications, mais la pièce était nommée « tragédie ». L'édition de 1660 présentait au contraire des variantes importantes et constitue l'état définitif du texte. L'*Avertissement* de l'édition de 1648 et l'*Examen* de l'édition de 1660 figurent dans la rubrique « La Querelle du Cid », p. 98.

On trouvera la version originale du *Cid* dans les éditions du *Théâtre complet* de Corneille établies par Georges COUTON, soit dans la collection de La Pléiade (Gallimard, 1980, tome I), soit chez Garnier (1971, tome I).

B. *Études générales ou sur Corneille*

ADAM A., *Histoire de la littérature française au XVIIe siècle*, Domat, Paris, 1946-1958.

BÉNICHOU P., *Morales du grand siècle*, Gallimard, Paris, 1948.

BRAY R., *La Formation de la doctrine classique en France*, Nizet, Paris, 1927, réédité en 1966.

COUTON G., *Réalisme de Corneille*, Les Belles-Lettres, Paris, 1953.

DESCOTES M., *Les Grands Rôles du théâtre de Corneille*, P.U.F., Paris, 1962.

DORT B., *Corneille dramaturge*, L'Arche, Paris, 1972.

DOUBROVSKY S., *Corneille et la dialectique du héros*, Gallimard, Paris, 1963.

GUICHEMERRE R., *La Tragi-comédie*, P.U.F., Paris, 1981.

HERLAND L., *Corneille par lui-même*, Le Seuil, Paris, 1954.

LANSON G., *Corneille*, Hachette, Paris, 1928.

MONGRÉDIEN G., *La Vie quotidienne des comédiens au temps de Molière*, Hachette, Paris, 1966.

NADAL O., *Le Sentiment de l'amour dans l'œuvre de Pierre Corneille*, Gallimard, Paris, 1948.

PRIGENT M., *Le Héros et l'État dans la tragédie politique de Pierre Corneille*, P.U.F., Paris, 1986, réédité 1988, coll. « Quadrige ».

SCHERER J., *La Dramaturgie classique en France*, Nizet, Paris, 1950. *Le Théâtre de Corneille*, Nizet, Paris, 1984.

TRUCHET J., *La Tragédie classique en France*, P.U.F., Paris, 1975.

VERHOEFF H., *Les Grandes tragédies de Corneille, une psycholecture*, Archives des Lettres modernes, Paris, 1982.

C) *Études sur* Le Cid

COUPRIE A., *Pierre Corneille, Le Cid*, P.U.F., Paris, 1989, coll. « Études littéraires ».

COUTON G., *Réalisme de Corneille, Deux études : La Clef de Mélite ; Réalités dans Le Cid*, Les Belles-Lettres, Paris, 1953.

MONGRÉDIEN G., » Corneille, *Le Cid* et l'Académie », in *Revue générale belge*, n° 1, 1970.

NOUGARET L., « Le Récit de la bataille du *Cid* », in *Revue universitaire*, n° 1, janvier-février 1946.

LYONNET H., *Le Cid de Corneille*, SFELT, Paris, 1946.

IX - DISCOGRAPHIE

Le Cid, avec G. Philipe, S. Monfort, Mona-Dol, M. Chaumette, L. Constant, G. Wilson, P. Noiret, J. Vilar. (Auvidis, 2 CD, H 7961).

X - FILMOGRAPHIE

1910   Mario Caserini, IT, avec Amleto Palermi (Rodrigue) et Maria Gasperini (Chimène).

1961   Anthony Mann, EU, avec Charlton Heston (Rodrigue), Sophia Loren (Chimène) et Geneviève Page (L'Infante).

TABLE DES MATIÈRES

PRÉFACE 3

LE CID 15
    Acte I 17
    Acte II 31
    Acte III 49
    Acte IV 65
    Acte V 79

LES CLÉS DE L'ŒUVRE 93

I - AU FIL DU TEXTE

1. DÉCOUVRIR V

- La date
- Le titre
- Composition :
  - Point de vue de l'auteur
  - Structure de l'œuvre

2. LIRE VIII

- ●◆ Droit au but
  - *L'affront*
  - *Elle et Lui*
  - *« Laisse faire le temps... »*

- ⟲ En flânant
  - *Une princesse sacrifiée*
  - *Les « stances » de Rodrigue*
  - *Le combat contre les Mores*

- Les thèmes clés
  - La générosité
  - La gloire

      - L'amour
      - Le duel et l'interdiction royale
      - L'indépendance des grands

3. POURSUIVRE XVI

   • Lectures croisées
      - La théorie des passions selon Descartes
      - La grandeur du renoncement : autour de *La Princesse
        de Clèves*
      - « La démolition du héros »
   • Pistes de recherches
   • Parcours critique
   • Un livre/un film

II - DOSSIER HISTORIQUE ET LITTÉRAIRE

  I - REPÈRES BIOGRAPHIQUES ET CHRONOLOGIE DU
     THÉÂTRE CORNÉLIEN 94

  II - LA QUERELLE DU *CID* - JUGEMENTS SUR LA
      QUERELLE DU *CID* 98

  III - LA *RECONQUISTA* ESPAGNOLE ET LE PERSON-
       NAGE HISTORIQUE DU CID 116

  IV - LE CID AVANT ET APRÈS *LE CID* :
       A. Le Cid espagnol 118
       B. Les suites du *Cid* 122

  V - LE DUEL :
      A. Dossier historique 156
      B. Le duel en cause 158
      C. Anthologie des scènes de duel 161

  VI - ASPECTS DU THÉÂTRE AU XVIIᵉ SIÈCLE : LES
       GRANDES REPRÉSENTATIONS DU *CID* 175

  VII - GLOSSAIRE 188

 VIII - ÉLÉMENTS BIBLIOGRAPHIQUES 189

  IX - DISCOGRAPHIE 190

  X - FILMOGRAPHIE 190

Achevé d'imprimer en juin 1998
par Maury-Eurolivres
45300 Manchecourt

Imprimé en France
Dépôt légal : juillet 1998